다정한 턱수염친구 비어디드 드래곤

The Bearded Dragon Manual
Written by Philippe de Vosjoli, Robert Mailloux, Susan Donoghue, VMD,
Roger Klingenberg, DVM, and Jerry Cole
Copyright © 2001 BowTie Press
All rights reserved.

Korean translation Copyright © 2013 Simile Books
Korean edition is published by arrangement with BowTie Press
through Shinwon Agency.

이 책의 한국어판 저작권은 Shinwon Agency를 통한 BowTie Press와의 독점계약으로 씨밀레북스가 소유하고 있습니다. 저작권법에 의해 한국 내에서 보호를 받는 저작물이므로 무단전재와 무단복제를 금합니다.

다정한 턱수염 친구 비어디드 드래곤

2013년 01월 10일 초판 1쇄 펴냄
2021년 04월 30일 초판 3쇄 펴냄

제작기획 | 씨밀레북스
책임편집 | 김애경
지은이 | 필립 드 보졸리·로버트 메일룩스·수잔 도나휴
옮긴이 | 이태원·박성준
펴낸이 | 김훈
펴낸곳 | 씨밀레북스
출판등록일 | 2008년 10월 16일
등록번호 | 제311-2008-000036호
주소 | 강원도 춘천시 효자3동 753-21, 203호
전화 | 033-257-4064 **팩스** | 02-2178-9407
이메일 | cimilebooks@naver.com
웹사이트 | www.similebooks.com

ISBN | 978-89-97242-03-0 13490

이 책은 저작권법에 따라 보호받는 저작물이며,
무단전재와 무단복제는 법으로 금지돼 있습니다.
※값은 뒤표지에 있습니다.

다정한 턱수염 친구
비어디드 드래곤

필립 드 보졸리 · 로버트 메일룩스 · 수잔 도나휴 지음/이태원 · 박성준 옮김

씨밀레북스

Prologue

비어디드의 본능과 욕구에 대한 본질적인 지식 필요

매력적인 외모, 사육에 적당한 크기, 길들이기 어렵지 않은 성격, 다른 도마뱀들과 차별되는 뚜렷한 개성은 비어디드 드래곤을 사람들이 가장 좋아하는 애완도마뱀 중 하나로 자리 잡게 만든 장점이라고 볼 수 있다.
다른 애완파충류와 비교해볼 때 비어디드 드래곤은 튼튼하고 관리가 용이하지만, 외부온도의 변화에 민감한 변온동물(냉혈동물)이기 때문에 성공적인 사육을 위해서는 개나 고양이, 새와 같은 온혈동물들과는 달리 여러 가지 특정한 사육설비를 필요로 한다. 항온동물인 우리 인간이 사육되는 파충류의 타고난 성향을 항상 이해할 수 있는 것은 아니므로 이 매력적인 도마뱀을 돌보는 데 필요한 사육시설과 기술적인 테크닉이 요구될 뿐만 아니라, 그들의 본능과 욕구에 대한 기본적인 지식을 습득하는 것도 필요하다. 나와 로버트(Robert)는 'The General Care and Maintenance of Bearded Dragons'란 책의 개정판을 쓰기 위해 모였고, 사육자들에게 이러한 본질적인 지식을 제공하는 것이 우리의 첫 번째 목표다.
흥미롭게도 우리가 서로의 의견을 모았을 때 아직 활자화되지는 않았지만 비어디드 드래곤의 사육단계에 대한 이해를 돕고 그들을 축양하고, 번식을 돕기 위한 최상의 방법을 알아내는 데 상당히 유용한 정보들을 많이 보유하고 있다는 것을 알게 됐다. 우리 인간들처럼 비어디드 드래곤 역시 성장에 따라 행동에 변화를 보이는데, 그들의 삶의 단계를 관심 깊게 살펴보는 것은 사육자로 하여금 각각의 삶의 단계에서 필요한 것을 충족시키기 위해 적절한 사육방식이나 관리가 필요하다는 것을 알게 해준다. 이 주제를 연구하면 할수록 이것이 좀 더 깊이 있고 광범위한 영역이라는 것을 확실하게 알 수 있었다.
본서의 집필을 진행하면서 운 좋게도 좋은 친구들과 자신의 분야에서 인정받는 전문가들을 많이 만날 수 있었다. 친구인 수잔 도나휴(Susan Donoghu)는 현재

'비어디드 드래곤의 영양공급과 그 효과'에 관한 연구를 진행 중인 파충류 영양 분야의 권위자인데, 본서의 편집자 역할뿐만 아니라 '먹이와 영양' 관련 섹션의 집필을 흔쾌히 수락해줬다. 베스트셀러인 'Understanding Reptiles Parasites'의 저자이고, 많은 주제에 대해 같이 협력했던 우리의 오랜 친구인 로저 클린젠버그(Roger Klingenberg)는 '질병과 장애' 섹션의 집필을 맡아줬다. 'Dragon's Den Herpetoculture'의 소유자인 케빈(Kevin) 역시 그가 브리딩하고 있는 비어디드 드래곤에 대한 정보와 특이한 종의 사진을 제공해줬다.

본서는 다양한 경험과 지식을 가진 좋은 친구들과의 협력이 이뤄낸 결과물이다. 또한 집필작업을 진행하면서 비바리움 디자인, 영양공급, 파충류약품, 유전학에 이르는 다양한 영역에서 비어디드를 성공적으로 사육하기 위해 얼마나 많은 노력들이 필요한지를 깨닫게 됐다. 이 책의 내용 가운데 아직도 여전히 연구가 필요한 생물학 영역이 있었는데, 개량종(Morph)에 관한 연구와 이러한 다양한 형태의 변이를 나타나게 하는 세포의 역학관계, 곧 유전학에 관련된 분야다.

이스턴 비어디드 드래곤(Estern Bearded Dragon)이나 로손즈 비어디드 드래곤(Lawson's Bearded Dragon)을 장기간 사육하고 번식하는 데 실패하는 원인을 규명하는 일처럼, 아직까지 확실하게 밝혀내지 못한 어려운 숙제들이 남아 있기는 하지만, 더 흥미로운 미래를 위한 도전과 약속은 우리로 하여금 '파충류사육문화(herpetoculture)'라고 불리는 특이한 열정을 가지게 했다.

필립 드 보졸리

Contents

Prologue 6

Chapter 1
비어디드 드래곤의 생물학적 특성과 습성

Section 1 신체적인 특성과 생태 12
비어디드 드래곤의 종류 | 비어디드 드래곤의 서식지 | 비어디드 드래곤의 크기와 수명 | 비어디드 드래곤의 성별 | 비어디드 드래곤의 성장속도 | 비어디드 드래곤의 삶의 단계 | 일반적인 건강상의 문제점

Section 2 고유의 행동과 습성 24
사회적 계급의 형성 | 계급에 따른 일광욕 지역의 높이 경쟁 | 체온조절과 온도편차 | 일광욕 시 입을 벌리거나 숨을 헐떡이는 행동 | 입을 벌리는 행동 | 신체일부 절단, 동종포식 | 앞다리를 흔드는 행동 | 꼬리를 말아 올리는 행동 | 머리 위아래로 흔들기(머리 갑자기 쳐들기) | 수컷들끼리의 조우 | 혀로 맛보기(tongue-tasting)

Chapter 2
비어디드 드래곤의 선별과 사육 시 주의점

Section 1 애완동물로서의 비어디드 드래곤 34
호기심 많고 유순한 성격 | 길들이기 용이하고 관리가 쉬운 편 | 위생만 신경 쓴다면 최고의 애완동물

Section 2 개체의 선별 38
성별의 선택 | 사육 마릿수의 선택 | 성격의 선택 | 크기의 선택 | 개체 선별 시 피해야 할 것 | 건강한 개체의 특성 | 합사 시의 격리

Section 3 사육 시 주의할 점 46
핸들링 | 핸드 피딩 | 위생과 그루밍 | 비어디드 드래곤과 여행가기 | 비상사태에 대한 대비 | 비어디드 드래곤과의 이별

Chapter 3
비어디드 드래곤 사육장의 조성
Section 1 사육장과 바닥재의 선택 62
사육장의 크기 | 실외사육장 설치 시 주의사항 | 바닥재의 종류와 특성

Section 2 사육장환경 조성과 유지 70
기어오를 수 있는 환경 조성 | 발톱관리를 위한 구조물 설치 | 비어디드 사육장에 어울리는 식물 | 사육장의 유지관리

Chapter 4
비어디드 드래곤과 온도 · 조명의 중요성
Section 1 온도의 중요성과 열원 78
열의 이해 | 열원의 종류 | 열원의 설치와 화재의 위험

Section 2 조명의 중요성과 광원 84
조명의 역할과 종류 | 태양광에 노출 시 주의사항

Section 3 발색과 휴면 88
조명 및 온도와 발색 | 겨울철 휴면기의 조명과 온도

Chapter 5
비어디드 드래곤의 먹이급여와 영양관리
Section 1 먹이의 종류와 영양원 94
곤충 | 생쥐 | 채소와 기타 식물 | 펠렛 사료 | 영양제 | 물

Section 2 먹이 및 영양제의 급여 100
먹이급여 시 주의사항 | 먹이급여 시간 | 수분 및 먹이급여 횟수 | 먹이급여량 | 영양제의 필요성 | 칼슘 보충 | 비타민 D 영양제

Section 3 성장단계별 먹이급여 110
해출링 단계의 먹이급여 | 주버나일 단계의 먹이급여 | 준성체 단계의 먹이급여 | 성체 단계의 먹이급여 | 노후 단계의 먹이급여 | 인공사료만 급여하기

Section 4 먹이와 관련된 건강문제 124
먹이 검토하기 | 식물의 2차대사산물 | 영양섭취에 영향을 미치는 요소들 | 먹이지 말아야 할 것

Chapter 6
비어디드 드래곤의 건강과 질병 및 치료
Section 1 질병의 징후와 예방 134
아픈 비어디드 드래곤의 구분 | 비어디드 드래곤의 질병과 예방

Section 2 기생충감염 138
콕시듐증 | 요충감염 | 미포자충감염 | 촌충감염 | 오구동물감염 | 체외기생충감염

Section 3 영양부족으로 인한 장애 148
칼슘결핍증 | 아데노바이러스감염

Section 4 기타 우려되는 질병 156
신장질환과 통풍 | 탈장 | 알막힘 | 호흡기감염 | 눈 관련 질병 | 꼬리 및 신체 말단부 유실

Chapter 7
비어디드 드래곤의 번식과 실제과정
Section 1 번식 전 알아야 할 것 168
기록의 보존 | 선택적 번식 | 이종교배

Section 2 번식의 과정 172
번식의 패턴 | 번식 전 환경조건과 겨울철 휴면 | 교미 | 임신 | 산란 | 산란 개수 | 인큐베이팅 | 부화기 온도 조정하기 | 전란(알 뒤집기) | 부화 실패 | 부화

Chapter 8
비어디드 드래곤의 다양한 모프
Section 1 모프의 분류 188
체색에 따른 분류 | 비늘의 질감에 따른 분류

Section 2 여러 가지 다양한 모프 192
노말(normal) | 저먼 자이언트(german giant) | 레드/골드(red/gold) | 하이퍼잰식(hyperxanthic) | 하이포멜라니스틱(hypomelanistic) | 루시스틱(leucistic) | 그린(green) | 골드 아이리스(gold iris) | 타이거(tiger), 스트라이프(stripe) | 레더백(leatherback) | 실크백(silkback) | 트랜슬루센트(translucent) | 앞으로의 전망

CHAPTER 01

비어디드 드래곤의
생물학적 특성과 습성

비어디드 드래곤의 신체적인 특성과 기본적인 생태에 대해 살펴보고, 비어디드 드래곤 특유의 행동과 습성에 대해 알아본다.

Section 01

신체적인 특성과 생태

비어디드 드래곤(Bearded Dragon)은 아가마과(*agamidae*) 포고나속(*pogona*)에 속하는 도마뱀의 총칭으로서, 위협을 느꼈을 때 마치 수염처럼 보이는 짙은 색의 아래턱 부분을 크게 확장시키는 습성이 있다.

비어디드 드래곤의 종류

일반적으로 펫 샵에서 쉽게 구입할 수 있는 종은 비어디드 가운데서도 인랜드 비어디드 드래곤(Inland Bearded Dragon, *Pogona vitticeps*) 종이다. 로손즈 비어디드 드래곤(Lawson's Bearded Dragon, *P. henrylawsoni*-우리나라에는 랜킨스 비어디드 드래곤으로 알려져 있음)과 이스턴 비어디드 드래곤(Eastern Beard Dragon, *P. barbata*) 두 종은 현재 적은 수만 상업적으로 번식되고 있다.

로손즈 비어디드 드래곤은 인랜드 비어디드 드래곤에 비해 크기가 좀 더 작고 길들이기도 더 쉬운 종이지만, 아쉽게도 인랜드 비어디드 드래곤처럼 지속적으로 번식·생산되는 종이 아니기 때문에 시중에서 쉽게 구할 수는 없다. 이스턴 비어디

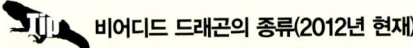

비어디드 드래곤의 종류(2012년 현재)

본서가 쓰인 당시에는 본문에 언급된 것처럼 크게 3가지로 분류됐는데, 지금은 다음과 같이 8가지로 분류되는 게 일반적이다. 참고로 로손즈 비어디드 드래곤의 경우 우리나라에는 랜킨스 비어디드 드래곤으로 알려져 있으므로 혼동하지 않도록 한다.

Pogona barbatus : Common Bearded Dragon
Pogona microlepidota : Small-scaled/Drysdale River Bearded Dragon
Pogona minima : Western Bearded Dragon
Pogona minor : Dwarf Bearded Dragon
Pogona mitchelli : Mitchell's Northwest Bearded Dragon
Pogona nullabor : Nullabor Bearded Dragon
Pogona vitticeps : Inland/Central Bearded Dragon
Pogona henrylawsoni : Rankin's/Lawson's Bearded Dragon

드 드래곤 종 역시 번식 가능한 시기가 될 때까지 너무 오래 걸린다는 점과, 반복적으로 번식시키기에는 다소 어려움이 있다는 점 때문에 애완용으로는 거의 구할 수가 없다. 이러한 점은 두 종을 애완도마뱀으로 대중화시키기 위해서는 반드시 해결해야 할 숙제라고 할 수 있다. 인랜드 비어디드 드래곤과 로손즈 비어디드 드래곤의 교잡종은 비티킨 드래곤(Vittikin Dragon)이라는 이름으로 가끔씩 판매되고 있는데, 인랜드 비어디드 드래곤 종이 가장 광범위하게 판매되고 있고 많이 알려진 종이기 때문에, 본서에서는 다른 언급이 없으면 인랜드 비어디드 드래곤에 대한 설명으로 봐도 무방하다.

인랜드 비어디드 드래곤은 노멀 브라운(normal brown), 탄 드래곤(tan dragon), 저먼 자이언트(German giant), 비비드 오렌지 레드(vivid orange-red), 샌드화이어 계열(Sandfire-line), 하이포멜라니스틱(hypomelanistic), 파스텔(pastel), 스노우/고스트 드래곤(Snow/Ghost dragon) 등 매우 다양한 색깔로 개량되고 있다. 비어디드 드래곤 전문브리더들이 다양한 모프를 만들고자 지속적으로 노력하고 있으므로 앞으로도 여러 가지의 모프가 다양하게 개량될 것으로 기대된다. 인랜드 비어디드 드래곤의 분양가는 개체의 나이, 형태, 색깔, 모프의 희소성이나 비율에 따라 상당한 차이가 있다. 따라서 사육을 시작하기 전에 애완목적으로 사육할 것인지, 수익을 얻기 위한 번식목적으로 사육할 것인지를 먼저 결정해 자신의 사육목적에 가장 적합한 비어디드 드래곤이 어떤 종인지를 파악해야 한다.

비어디드 드래곤의 서식지

모든 비어디드 드래곤의 원서식지는 호주대륙이다. 현재 애완동물시장에서 유통되고 있는 개체들은 호주 태생과는 상당히 거리가 있는 세대들이지만, 야생에서 나타나는 비어디드의 습성을 잘 관찰해보면 인공사육 하에서 어떻게 관리하는 것이 적절한지에 대한 실마리를 찾을 수 있다.

대부분의 비어디드 드래곤은 호주의 비교적 따뜻하고 건조한 지역에 서식하므로 사육 시에도 따뜻하고 건조한 환경을 조성해줘야 한다. 그러나 수분은 충분히 공급해주고, 사육온도대의 변화가 올바르게 제공돼야 한다. 또한, 원서식지인 호주 대륙에 서식하는 야생개체들은 돌무더기 위나 울타리의 난간 혹은 우체통 위에 기어 올라가 일광욕 하는 것을 좋아한다. 따라서 비어디드 드래곤을 위한 사육장을 세팅할 때는 기어오를 수 있는 바위나 두터운 나뭇가지를 설치해줘야 하며, 일광욕을 할 수 있도록 열등을 설치해준다.

비어디드 드래곤 암컷 성체. 이 크기의 개체라면 적어도 몸 길이의 세 배 정도 되는 크기의 사육장이 필요하다.

비어디드 드래곤의 크기와 수명

알에서 갓 부화된 어린 비어디드 드래곤의 몸길이는 평균 10cm 이내이고, 몸무게는 겨우 2.5~3g 정도에 불과하다. 그러나 완전히 성장한 성체는 일반적으로 48~58cm 정도의 길이에 몸무게는 최소한 250~350g 정도 된다. 저먼 자이언트 모프의 경우 몸길이가 66cm에 이르는 개체도 있다.

애완으로 길러진 비어디드 드래곤이 10년 넘게 생존했다는 기록이 있기는 하지만, 처음 분양받을 때부터 건강한 상태였고 이후 적절한 환경에서 길러진 일반적인 사육개체들의 평균수명은 5년에서 8년 정도로 알려져 있다. 필자는 공인되지는 않았지만 12년까지 산 개체에 대한 기록을 가지고 있다.

비어디드 드래곤의 성별

성체의 경우는 2차 성징을 관찰해 비교적 어렵지 않게 성별을 구분할 수 있지만, 어린 개체의 성별을 정확히 구별하는 것은 쉬운 일이 아니며 기껏해야 경험에 의해 추측하는 정도다. 혹자는 꼬리가 가늘어지는 정도의 차이를 비교해 경험적으로 성별을 구별하기도 한다. 암컷의 꼬리는 수컷의 꼬리와 비교했을 때 시작 부분부터 좀 더 가늘며, 수컷은 약간 더 두껍게 보인다. 이러한 차이는 개체의 나이가 들어감에 따라 좀 더 확연하게 나타난다. 필자의 경험으로는 이런 방법은 꼬리의 가

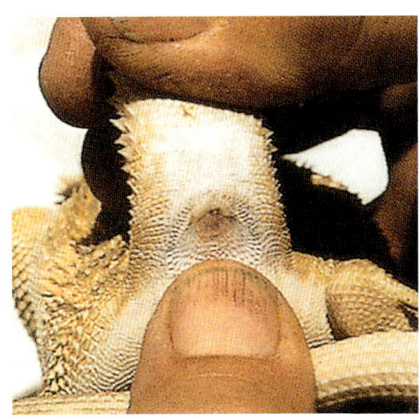 

준성체와 성체의 성별을 구분하는 방법 중 하나는 총배설강의 폭을 비교해보는 것인데, 암컷(왼쪽)의 총배설강이 수컷(오른쪽)의 총배설강보다 작고 좁은 것을 알 수 있다. 오른쪽 사진은 꼬리를 구부려 생식기를 돌출시킴으로써 성별을 구분하는 방법인데, 비어디드에게 상처를 줄 수 있으므로 시행 시에는 주의를 요한다.

늘어지는 정도가 확연하게 관찰되는 일부 개체에 적용할 때 매우 효과적이었다. 최근에는 크기가 작은 개체의 성별을 구별하는 것이 기술적으로 가능해졌는데, 비어디드에게 스트레스를 줄 수 있고 위험이 따르는 방법이기 때문에 극도의 주의를 기울여 실시해야 한다. 작은 개체의 성별을 구별하기 위해서는 우선 한 손으로 비어디드를 잡고, 다른 한 손으로는 최대한 조심해서 부드럽게 꼬리를 들쳐 올려 몸 위쪽을 향해 구부린다.

꼬리를 들어 올리는 것은 꼬리가 시작되는 부분의 아래쪽 피부에 위치한 수컷의 생식기를 돌출시켜 볼 수 있는 방법이다. 수컷의 생식기는 바로 항문에서부터 꼬리가 시작되는 부분에서 확인되며, 항문 뒤에 보이는 돌기는 수컷임을 나타내는 명확한 표시다. 암컷의 외부생식기는 반대로 뒤꼬리 부분의 중앙에서 확인할 수 있는데, V자를 뒤집어놓은 듯한 형태를

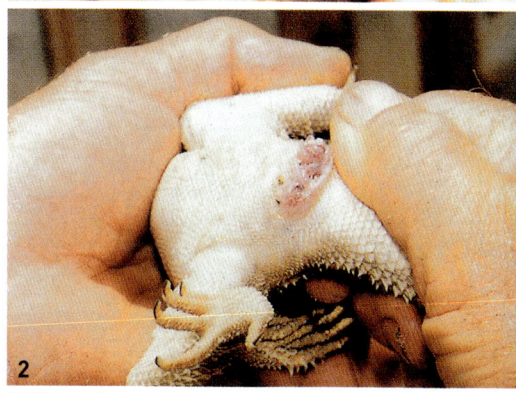

1. 성체의 경우는 성별을 구분하기가 쉽다. 수컷은 암컷보다 머리가 클 뿐만 아니라 사진에서 보듯 항문 앞쪽과 서혜인공(대퇴공)이 넓게 확장돼 있는 것을 분명하게 확인할 수 있다. **2.** 손으로 수컷 비어디드의 반음경을 뒤집어 정확한 성별을 확인하는 모습

띠고 있다. 이 과정은 정확한 판단과 비어디드에게 상처를 주는 것을 방지하기 위해 절대적으로 조심스럽게 실시해야 한다. 이 방법으로 수컷의 경우 항문 넓이가 넓고, 꼬리의 굵기가 굵은 것을 관찰할 수 있다.

준성체나 성체의 성별을 감별할 때도 위의 방법을 그대로 적용시키면 된다. 준성체나 성체는 항문덮개(vent flap)를 젖히거나 총배설강(cloacal)을 노출시키는 방법으로 정확하게 성별을 구별할 수 있다. 수컷의 경우 배설강은 암컷보다 넓고 크다. 하지만 총배설강이 확실하게 관찰될 정도까지 성장하기 위해서는 어느 정도 나이가 들어야 하기 때문에 어린 개체일 경우 이런 방법은 비효과적이다.

성체의 경우 수컷이 암컷보다 더 두꺼운 꼬리를 가지고 있고, 꼬리가 가늘어지는 정도가 더 완만한 것 혹은 항문 앞쪽이나 대퇴부 앞쪽이 더 넓게 발달한 것과 같이 개체가 성숙함에 따라 점차 두드러지는 2차 성징을 관찰함으로써 쉽게 성별을 구별할 수 있다. 또한, 수컷의 머리는 암컷에 비해 더 넓고 크며, 짝짓기 시즌에는 비어디드라는 이름에서 알 수 있듯 목 주위가 마치 수염이 난 것처럼 어두운 색을 띤다.

수컷 성체는 꼬리가 시작되는 부분에 엄지손가락으로 압력을 가하면 생식기를 외부로 돌출시킬 수 있다. 이러한 과정을 적절히 수행하기 위해서는 충분한 경험이 필요한데, 굳이 성체의 성별을 감별하기 위해 수시로 실시할 필요는 없다. 이 방법은 때때로 크기가 작은 개체의 성별 감별을 위해 실시하기도 하는데, 만약 경험과 감각이 미숙한 상태에서 시행된다면 엄지손가락에 가해지는 강한 압력으로 인해 비어디드에게 상처를 입힐 위험이 있기 때문에 초보자들에게 추천할 만한 방법은 아니다.

비어디드 드래곤의 성장속도

필자는 비어디드 드래곤의 성장속도를 측정하기 위해 어린 비어디드를 대상으로 다음과 같은 실험을 한 적이 있다. 실내에서 스팟 램프(일광욕 장소의 온도는 32~35℃)를 사용하고, 개체가 약 15cm가 될 때까지 풀스펙트럼 램프(태양광등)를 사용하는 환경에서 길렀다. 먹이용 곤충은 하루에 세 번 급여했고, 가능한 한 매일 다양한 식물성 먹이를 급여했으며, 조명시간은 매일 16시간으로 조절했다. 실험을 시작할 때 해츨링의 평균적인 크기는 10cm 이하였는데, 14주 후에 가장 큰 개체는 전체 길이가 35.5cm에 이르렀고, 가장 작은 개체는 28cm 정도 됐다. 일반적인 가이드라인에 따르면 이런 정도의 집중적인 식이요법으로 사육하는 경우 첫 6개월 동안은 한 달에 5~6.3cm 정도 자라고, 빠르면 5~6개월 후에는 성적으로 성숙하게 될 수도 있다. 성장속도는 약 6개월 이후부터 감소하게 된다.

필자의 연구에 따르면 적절한 사육환경에서 길러진 어린 비어디드 드래곤은 막 태어나서부터 6개월 안에 크기에 있어서 4000%라는 놀랄 만한 성장률을 보였다. 보다 더 집중적인 환경에서는 체중이 5000%나 증가하기도 했다. 어린 비어디드 드래곤은 태어날 때의 체중이 약 2.5g 정도에 불과하지만, 6개월령 30cm 정도의 크기가 되면 체중은 약 100~115g 정도가 될 것이다(이를 인간에 비유하자면 3kg의

어린 비어디드 드래곤의 성장속도는 놀랄 정도로 빠르기 때문에 충분한 크기의 사육장을 준비하는 것이 좋다.

아기가 6개월 만에 약 120kg으로 성장한 것이다). 이 실험을 통해 비어디드 드래곤은 사육자가 생각하는 것보다 훨씬 더 많이 먹고 더 빨리 자라며, 얼마 지나지 않아 처음 사육을 시작할 때 계획했던 사육장보다 더 큰 크기의 사육장이 필요하게 될 것이라는 사실을 알 수 있다.

비어디드 드래곤의 삶의 단계

비어디드 드래곤은 일생 동안 여섯 가지 삶의 단계를 겪는다. 비어디드 드래곤을 오랜 기간 행복하게 기르고 성공적으로 관리하기 위해서는 이런 단계를 이해하는 것이 반드시 필요하다. 나이나 크기에 따라 다음과 같이 6단계로 구분된다.

■**배아/태아기(embryonic/prebirth, 55~75일)** : 비어디드 드래곤의 전체 사육과정을 봤을 때 알 속에 갇혀 있는 시기로 이 기간에는 주로 인큐베이터에서 시간을 보낸다. 유전, 영양, 모체의 건강 그리고 인큐베이터의 상태 등은 이 단계에서부터 개체의 건강에 영향을 미친다. 이런 요소들은 주로 브리더의 관심사이지만 과학자 입장에서도 심도 깊게 연구될 만한 것들이다.

■**해츨링/주버나일(hatchling/juvenile, 출생~약 20cm)** : 2단계는 왕성한 식욕, 빈번한 먹이섭취, 급격한 성장을 보이는 시기로 먹이섭취와 크기성장이 이 단계에서의

비어디드를 오랜 기간 행복하게 기르고 성공적으로 관리하기 위해서는 삶의 단계를 이해하는 것이 중요하다.

주된 관심사다. 이 시기에 먹이가 불충분한 경우 다른 어린 개체를 해치거나 자신의 꼬리 끝, 발가락 혹은 사지 중의 하나를 잘라 먹으려는 행동 등의 특징이 나타난다. 필자는 15cm 크기의 개체가 오랜 시간 같은 사육장에서 지냈던 10cm 크기의 개체를 먹으려고 시도하는 것을 목격한 적이 있다. 자기보다 작은 개체를 한 번에 삼킬 수는 없지만, 머리를 부셔서 죽이기도 한다.

이 단계에서 종종 앞다리를 휘젓는 행동을 보이는데, 이는 같은 종 내에서의 타협이나 유화(宥和, 의도적으로 타협적이거나 소극적인 태도를 취하면서 상황을 자신에게 유리하게 이끌어가려는 행동) 또는 같은 종이라는 동질감 표현의 한 형태다. 식욕이나 먹이를 차지하는 능력, 성장률에 따라 무리 내에서의 서열은 거칠고 체구가 큰 공격적인 포식자와, 소심하고 덩치가 작은 잡아먹히는 개체의 두 부류로 나뉜다.

■**준성체(subadult, 20cm~어린 성체)** : 2단계인 주버나일과 3단계인 준성체의 가장 큰 차이점은 크기와 행동이다. 어린 비어디드 드래곤이 18~20cm 정도까지 성장하면 3단계로 들어간다. 이 시기에는 같은 크기의 개체들을 해치려는 경향은 줄어

들게 되며, 특히 암컷에게서 앞다리를 휘젓는 행동의 횟수가 줄어든다. 성장속도가 급격히 증가하고 식물성 먹이를 더 많이 먹게 되는데, 더 크게 성장함에 따라 더 많이 먹는 패턴이 계속된다. 사회적 행동은 여전히 제한적이고, 먹이가 충분하다면 대부분의 경우 소극적인 모습을 보인다.

■**성성숙기/어린 성체(sexual onset/young adult, 30~40cm)** : 4단계는 처음 번식을 한 이후부터 3년 정도 지속된다. 이 시기는 무리 내의 다른 개체들과 사회적인 상호작용을 하는 단계로 성성숙에서 비롯되는 광범위한 사회적 행동이 나타나는 것이 특징이다. 성적 사회행동은 그룹의 지배자가 될 수컷(alpha male)의 존재처럼 확정된 계급을 만드는 것에서부터 시작된다.

수컷은 구애를 하거나 세력권을 찾고, 공격적이 되거나 짝짓기 행동을 할 것이다. 암컷은 자신의 존재를 드러내기 위해 팔굽혀펴기 같은 행동을 하며, 짝짓기를 하는 동안 순종적으로 앞다리를 휘젓는 행동을 보인다. 호르몬의 변화가 일어나고, 성장보다는 번식하는 데 에너지와 영양분을 더 많이 소모하기 때문에 이 단계에서의 성장속도는 지연되는 경향을 보이며, 성체의 크기가 완성된다. 이 단계가 시작된 이후부터 비어디드 드래곤은 일 년 중에 일정 시간 주기적으로 겨울철 휴면기(winter shutdown period)를 갖게 된다.

■**성숙한 성체(mature adult, 어린 성체~6/7세, 번식 4년차)** : 재번식의 빈도가 점진적으로 줄어들게 되고, 비어디드 드래곤의 전체 삶에서 어떤 중대한 진전은 없다. 이 단계는 2~3년 정도 지속된다.

■**노후기(old age, 일반적으로 6~7살)** : 이 단계에서 암컷의 경우에는 번식의 빈도가 낮아지거나 거의 없는 것이 특징이며, 측정될 만큼 성장하지도 않는다. 노후한 비어디드 드래곤은 먹는 양이 줄어들고, 무기력한 상태로 수주일 또는 수개월 동안 삶의 마지막 단계를 거치고 죽게 된다. 이 단계에서는 칼로리를 줄여주는 것이 좋고(모든 영양소가 아니라), 편안한 환경과 스트레스 없는 상태를 유지해줄 필요가 있다. 특히 적절한 수분공급에 신경을 많이 써야 한다.

일반적인 건강상의 문제점

급격히 성장하는 많은 다른 도마뱀들과 마찬가지로, 성장과정에서 미성숙한 비어디드 드래곤이 직면하는 주된 문제는 칼슘결핍으로 인해 유발되는 대사성골질환(metabolic bone disease/MBD)과 저칼슘혈증(low blood calcium or hypocalcemia)으로 인해 유발되는 경련 및 발작이다. 칼슘결핍은 독자적으로 혹은 동시에 발생하는 다음의 몇 가지 요소로부터 기인한다. 잘못된 비타민 및 미네랄 보충, 적절하지 못한 온도, 부족한 혹은 불균형적인 영양상태, 적절하지 않은 먹이급여 스케줄, 불충분한 UVB 조사 등이 그것이다. 이와 같은 요소들은 본서의 지시대로 따르면 얼마든지 간단하게 바로잡을 수 있다.

모든 연령대의 비어디드 드래곤에게 일반적으로 발생하는 또 다른 질병은 두 종류의 기생충감염이다. 하나는 요충감염인데, 이는 보통 비어디드의 체중을 증가시키거나 유지하는 데 실패하는 심각한 원인 가운데 하나다. 요충감염보다 더욱 문제시 되는 질병은 원생기생충의 형태인 콕시듐증(coccidiosis)감염이다. 콕시듐증감염은 수의사의 진단과 장기간의 치료가 필요하며, 효과적인 치료를 위해서는 회복과정에 세심하게 주의를 기울여야 한다(제6장 참고). 이스턴 비어디드 드래곤의 경우 통풍, 간질환, 신부전을 겪을 수 있다. 관련 정보에 의거하면 이러한 질병들은 적절한 수분공급과 온도편차의 조절, 균형 있는 영양공급으로 어느 정도는 예방이 가능하다고 알려져 있다.

Section 02
고유의 행동과 습성

많은 다른 도마뱀과 비교해볼 때 비어디드 드래곤은 상당히 폭넓은 사회적 행동양식을 보여준다. 집단으로 사육되는 경우와 성성숙기에 접어든 경우, 이러한 사회적 행동습성을 좀 더 확실하게 관찰할 수 있다. 다음은 사육 중에 흔히 관찰할 수 있는 비어디드 드래곤의 사회적 행동들이다.

사회적 계급의 형성
비어디드 드래곤은 야생에서나 사육 하에서나 비교적 일찍부터 사회적 계급을 형성하면서 성장한다. 어떤 그룹의 우두머리를 동물행동학적 전문용어로는 '알파 애니멀(alpha animal)'이라고 칭하는데, 어린 비어디드 드래곤을 여러 마리 기르고 있는 경우 어떤 개체들은 순종적인 반면, 어떤 개체들은 우두머리처럼 행동하는 모습을 곧 발견하게 될 것이다. 아직 덜 성숙한 단계에서는 상대적으로 우세한(알파 애니멀보다는 덜 우세한) 개체들과 순종적인 개체들을 명확하게 구별할 수 있다. 우세한 개체는 좀 더 적극적으로 먹이활동을 하며, 작거나 순종적인 개체들을

다리가 손상된 준성체 비어디드 드래곤. 손상된 다리는 다시 자랄 수 없으며, 부상당한 개체는 영구적인 장애를 안고 살아가게 된다.

위협하는 행동을 한다. 이러한 성향 때문에 공격적인 비어디드 드래곤은 먹이를 많이 먹게 됨으로써 빨리 자라게 되고, 또 그로 인해 더 많이 먹을 필요가 생김으로써 더 공격적으로 변해 제공되는 먹이의 많은 부분을 차지하게 된다. 시간이 지날수록 겁먹은 작은 개체들은 경계심이 더욱 높아지게 되고, 큰 개체들이 먹이를 먹을 때 감히 도전하지 못하기 때문에 먹이섭취량이 점점 줄어들게 된다. 이때 사육장을 따로 분리하지 않는다면 먹이섭취량이 훨씬 줄어들어 작은 개체로 도태되고 말 것이다.

만약 배가 고프거나 먹이를 제대로 못 먹게 되는 경우가 생기면 우세한 주버나일 개체들은 종종 열등한 개체의 꼬리나 발가락, 심지어는 발을 훼손하기도 한다. 상대적으로 덩치가 큰 개체들은 자신보다 작은 개체를 잡아먹을 수도 있다. 비어디드 드래곤의 세계에서 생후 첫 몇 달은 '얼마나 더 많이 먹고 더 큰 개체가 되는지'를 결정하는 냉혹한 경쟁의 시간이다. 일단 비어디드 드래곤이 성적으로 성숙하게 되면 번식과 관련된 행동이 나타나고, 사회적 계급이 보다 확실하게 관찰되며, 덩치가 큰 수컷이 우두머리로 등장한다.

계급에 따른 일광욕 지역의 높이 경쟁

비어디드 드래곤은 반나무위성 생활을 하는 동물이며, 관목이나 돌무더기 혹은 쓰러진 나뭇가지에 기어오르는 것을 즐긴다. 비어디드 드래곤의 집단은 이렇게 기어오를 수 있는 구조물들이 널려 있는 지형학적 지점을 중심으로 형성되기도 한다.

야생이나 잘 만들어진 온실사육장에서 주요한 일광욕 자리를 두고 서로 경쟁하는데, 쉽게 접근할 수 있는 우체통 펜스나 관목의 꼭대기, 바위의 돌출부 등이 그런 장소로 무리의 우두머리 수컷이 일광욕 자리의 가장 높은 곳을 차지한다.

체온조절과 온도편차

대부분의 파충류처럼 비어디드 드래곤도 비교적 신속하게 자신의 체온을 올릴 수 있다. 그러나 체온을 내리는 데는 상당히 오랜 시간이 걸리고, 또 아무리 체온을 내린다고 해도 외부온도보다 낮게 떨어뜨릴 수는 없다. 주간에 비어디드 드래곤의 적절한 체온은 36℃인데, 외부온도가 24℃ 이하에 불과할 때나 목적한 체온보다 낮을 때도 일광욕을 통해 쉽게 원하는 체온으로 끌어올릴 수 있다. 야생의 비어디드 드래곤은 몸을 납작하게 하고 체색을 어

스팟 램프 아래에서 일광욕을 하고 있는 새끼 비어디드가 열을 발산하기 위해 입을 크게 벌리고 있는 모습

둡게 한 상태로 햇볕을 쬠으로써 태양열의 흡수를 증가시켜 더 빨리 체온을 높일 수 있고, 또 돌이나 바닥 같이 데워진 지면에서 올라오는 복사열을 흡수해 체온을 높일 수도 있다. 정오쯤에 서식지의 공기온도가 40℃ 가까이 오르면 보통 그늘로 몸을 숨기거나 태양으로부터 몸을 피하는데, 이는 외부온도보다 낮게 체온을 떨어뜨리기 위함이다. 이것이 사육장 내에 일광욕 지역과 함께 몸을 식힐 수 있는 은신처 공간도 조성해줘야 하는 이유이기도 하다.

필자는 하나 또는 그 이상의 열원이나 가온장치를 설치해 밤낮의 온도편차 없이 항상 높은 온도가 유지되는 사육장에 비어디드 드래곤이 장시간 방치됐을 때 과잉행동을 보이거나, 과다한 열에 의한 스트레스 때문에 돌연사했다는 연구결과를 가

지고 있다. 이러한 결과를 볼 때 낮 동안에 쉴 수 있는 시원한(21~26℃ 정도) 장소를 제공해야 한다는 사실의 중요성은 아무리 강조해도 지나치지 않다.

일광욕 시 입을 벌리거나 숨을 헐떡이는 행동
어떤 개체는 일광욕을 하는 동안 온도가 높은 곳에 남아서 입을 벌리고 있거나(입을 벌린 상태로 유지함), 숨을 헐떡거리는 행동(입과 허파 내 공기의 흡입비율을 높이기 위해 목을 움직이는 행동을 하는 동안에는 입을 벌린 상태로 유지함)을 한다. 입을 벌리는 행동은 과열된 초기단계에 많이 관찰되는데, 이는 아마도 체온을 낮추려는 시도인 것으로 보인다. 이러한 행동은 사육장이 지나치게 과열된 경우 및 사육장 내에 온도가 낮은 은신처 지역을 제공하지 않은 경우가 아니라면, 사육자가 그다지 신경 쓸 필요는 없다. 만약 사육장이 너무 뜨겁다면 열원이나 기타 가온장치의 전원을 꺼버리면 된다.

입을 벌리는 행위나 헐떡거리는 증상은 이밖에도 호흡기감염이 있거나 너무 많은 먼지를 마셔 폐에 손상이 온 경우, 특정 기생충에 감염된 경우에도 나타난다. 정확한 원인을 파악하기 위해서는 사육환경을 점검해야 하며, 경우에 따라서는 수의사의 진단이 필요할 수도 있다.

위협을 받았을 때 상대를 향해 아래턱을 최대한 확장시키고 입을 벌리고 있는 모습

입을 벌리는 행동
어린 비어디드 드래곤은 자신에게 위협적이라고 생각되는 큰 덩치의 움직이는 대상을 향해 아래턱을 확장시킨 채 입을 벌리는 전형적인 행동을 보인다. 비어디드 드래곤(턱수염도마뱀)이라는 명칭

은 이러한 방어적인 표현방식에서 비롯된 것이다. 사육 하의 비어디드 드래곤은 대부분 자신을 돌보는 사육자의 몸짓이나 특정한 행동에 익숙해져 입을 벌리는 행동이 줄어들게 된다. 그럼에도 불구하고 이러한 표현을 하려는 본능은 비어디드 드래곤의 전 생애를 통해 남아 있다. 이스턴 비어디드 드래곤은 인랜드 비어디드 드래곤에 비해 이와 같은 행동을 훨씬 많이 드러내는 경향이 있고, 움직이는 큰 물체에 대해 그다지 잘 길들여지지도 않는 편이다.

갑작스럽게 놀라면 이런 행동을 보이기도 하며, 공격적 성향이라고 판단되는 개체들이 특히 이처럼 입을 벌리는 행동을 더 많이 드러낸다. 32℃ 이상의 높은 온도에서는 일반적으로 입을 벌리는 전형적인 행동을 더 많이 하게 된다. 아무리 비어디드 드래곤이 사람에게 길들여진다 하더라도 뱀이나 왕도마뱀과 같은 동물을 갑자기 보게 되는 경우에는 이런 행동이 자연스럽게 나타나게 된다. 이러한 장면을 포착한 파충류 사진작가들의 재미있는 작품들이 많다.

신체일부 절단, 동종포식

대중적으로 잘 알려진 모든 종의 주버나일 개체들은 사육장 내의 동료에게 해를 끼치기도 한다. 이런 행동들은 대부분 앞서 언급한 2단계(해츨링/주버나일, 19~20쪽 참고)의 개체들에게서 보이는데, 일반적으로 먹이가 충분하지 않은 상황에서 큰 개체들이 수동적인 작은 개체들을 대상으로 해를 끼친다. 굶주리고 공격적인 개체들은 약한 개체의 꼬리 끝이나 발가락, 다리의 일부분을 물어뜯는다. 최악의 경우 작은 개체가 먹을 수 있을 만한 크기라면 더 크고 힘센 주버나일 개체가 동종포식을 시도하기도 한다.

최근까지 필자는 준성체나 완전히 성장한 비어디드 드래곤에게서는 동족의 신체를 훼손하는 행동을 보지 못했다. 그러나 대규모 그룹으로 번식하는 특별한 상황에서는 동족의 신체를 심각한 수준으로 훼손하는 일들이 발생하기도 했다(8마리의 준성체와 2마리의 어린 성체들이 일주일 내에 서로의 신체를 훼손했다). 제한된 먹이공급, 과밀사육, 32~41℃에 이르는 높은 사육온도, 이 세 가지 요소가 동료의 신체를 훼손하게 되는 주된 원인이라고 알려져 있다. 완전히 성장한 큰 성체는 비슷한 크기의 다른 개체의 신체를 훼손하는 일이 거의 없다.

주버나일 단계에 동료에 의해 뒷다리를 잃은 성체 암컷의 모습

일반적으로 비어디드 드래곤을 면밀히 관찰해보면, 준성체 무리에서 서로의 신체를 훼손하는 일이 발생하는 경우 그 무리 안의 특정한 한 개체가 그러한 행동을 반복하는 것을 알 수 있다. 한 무리 안에서 만약 서로 신체를 훼손할 만한 환경이 계속된다면, 결국에는 힘세고 활동적이며 먹이를 독차지하는 한 마리의 개체와, 제대로 먹지 못하는 상태의 개체들 및 불구가 된 개체들이 남게 될 것이다.

앞다리를 흔드는 행동

앞다리를 흔드는 행위는 비어디드 드래곤이 생애에서 가장 처음 나타내는 사회적 행동으로서 부화한 후 며칠 지나지 않아 목격할 수 있다. 이는 상대 개체에게 자신이 같은 종임을 표현하는 신호(나는 비어디드 드래곤이야)이자, 같이 잘 지내보자는 의미의 제스처(나를 해치지 마)다. 번식기 동안에 보이는 암컷 성체의 이런 행동은 잘 지내자는 의미 및 복종한다는 의미로 해석되기도 한다. 좀 더 드문 경우이지만, 서열싸움에서 공격적인 수컷이 상대적으로 약한 수컷의 목 부분을 물 때 복종의 의미로 이런 행동을 보이기도 한다.

앞다리를 흔드는 행동을 보이는 이스턴 비어디드 드래곤 암컷

꼬리를 말아 올리는 행동

비어디드 드래곤은 보통 몸을 납작하게 하고 있을 때 대부분 꼬리를 땅 위쪽으로 말아 올린 상태를 유지하면서 자세를 취한다. 이는 쉬고 있지만 방심하지 않고 주위를 경계하고 있다는 신호이며, 일반적으로 성체 비어디드 드래곤은 하루 종일 이런 행동을 나타낸다.

머리 위아래로 흔들기(머리 갑자기 쳐들기)

'헤드 보빙(head bobbing)'이란 비어디드 드래곤이 머리를 내렸다가 재빨리 드는 행동을 일컫는 말인데, 일반적으로 단순한 반복동작이 계속된다. 이런 행동 중에 머리를 들어 올리는 것은 매우 격렬해서 상체 전체가 위쪽으로 확 들리는 경우도 생긴다. 이와 같은 행동(헤드 저킹-head jerking-이라 불리기도 함)은 번식기 때의 수컷에게서 많이 관찰되며(수컷이 자신의 세력권을 주장할 때도 보임), 일반적으로 그와 동시에 턱 부분의 색을 짙게 만들어 보여주는 행동을 병행한다. 이는 교미에 앞서 암컷에게 구애의 일환으로 나타내는 성적인 표현이다.

경계의 신호인 꼬리를 말아 올리는 행동은 비어디드 드래곤을 그룹으로 사육하는 경우 쉽게 관찰된다.

수컷들끼리의 조우

번식기가 시작됐을 때 수컷과 수컷이 만나면 때때로 두 개체 사이에 싸움이 일어나게 된다. 이러한 싸움은 대개는 단순한 절차로 행해지기 때문에 심각한 상해를 초래하지는 않는다. 일반적으로 번식기의 두 수컷은 자신의 턱 부분을 검게 만들고, 머리를 아래위로 흔드는 과시행위를 한다. 이때 서로를 향해 납작하게 엎드렸던 몸을 수직으로 일으켜 세워 보여주는 행동을 수반한다.

수컷 중의 하나가 꼬리를 씰룩거리면 서로의 꼬리를 물어뜯으려고 할 것이다. 두 개체는 머리를 아래위로 흔들며 반복해서 납작하게 엎드린 몸을 서로에게 보여줄 것이다. 수컷은 굴복한 수컷의 몸 위에서 마치 교미하는 자세와 비슷한 자세를 취해 목 주위의 두껍게 튀어나온 부분에 들러붙고, 물어뜯긴 수컷은 바닥에 몸을 편편하게 붙인다. 이런 행동은 암컷이 가장 크고 강하며, 건강한 수컷을 선택하는 데 도움을 준다. 대부분 강한 수컷이 번식 가능한 암컷과 먼저 교미를 하게 된다.

혀로 맛보기(tongue-tasting)

비어디드 드래곤은 새로운 음식, 새로운 물체, 다른 비어디드 드래곤을 혀로 맛보는 행동을 한다. 혀로 맛을 보는 것은 화학작용을 도와주며 음식이나 물체, 다른 도마뱀을 평가하고 식별하게 해준다. 또한, 이러한 행동은 우두머리 수컷이 다른 수컷에 대해 헤드 보빙 표현을 하기 전에 나타나기도 한다.

CHAPTER 02

비어디드 드래곤의 선별과 사육 시 주의점

비어디드 드래곤을 기르기 전 알아둬야 할 것, 건강한 비어디드 드래곤을 선별하는 법, 분양받기 전 준비해야 할 사항들에 대해 알아본다.

애완동물로서의 비어디드 드래곤

예비 사육자들이 필자에게 "비어디드 드래곤은 애완동물로서 얼마나 좋은가요?"라고 물어오는 경우가 종종 있다. 이 질문에 대해 결론부터 말하자면, 비어디드 드래곤은 애완파충류 중에서는 최고 수준의 도마뱀이라고 할 수 있다.

호기심 많고 유순한 성격
다른 많은 도마뱀들과는 달리 비어디드 드래곤은 주인을 문다거나, 핸들링 시 할퀸다거나, 가까이 다가갔을 때 꼬리로 후려친다거나 하는 경우가 거의 없다. 비어디드 드래곤은 독특하고 매력적인 성격을 가지고 있으며, 주인을 포함해 주변 세상에 대해 자연스럽게 호기심을 표현한다. 개체가 성숙해질수록 사육자와 눈을 마주치려 하고, 맛있는 먹이를 향해 스스럼없이 다가오며, 잠깐 잠깐 핸들링을 할 때도 친근하고 얌전하게 있는 정말 매력적인 애완도마뱀이다.

비어디드 드래곤은 애완동물이 인간에게 줄 수 있는 일반적인 즐거움과 재미를 제공하기 때문에 이상적인 애완동물이기는 하지만, 그렇다고 사육자와의 교감을 항

애완동물로서의 비어디드 드래곤은 애완파충류 중에서도 단연 최고라고 할 수 있을 정도로 장점이 많다.

상 필요로 하지는 않는다. 개나 앵무새의 경우와는 달리, 사육자가 매일 관심을 보여주며 핸들링을 하지 않는다고 해서 특별히 성격적으로 문제가 발생하지는 않는다. 비어디드 드래곤은 사람들의 관심을 끌기에 충분할 정도로 아름다운 외양과 다양한 성격을 지니고 있다. 집단으로 사육할 경우에는 다양한 사회적 행동을 보여주며, 때때로 인간에 대한 호감을 사랑스러운 몸짓으로 표현하기도 한다.

길들이기 용이하고 관리가 쉬운 편

대부분의 파충류 전문가들은 비어디드 드래곤을 최고의 애완파충류 가운데 하나로 꼽고 있다. 비어디드 드래곤은 매력적이고 활발하며 재미있는 동물이다. 또 적당한 크기에 다루기도 쉽고, 자연적으로 길들여지며(물론 가끔씩 예외도 있다), 관리하기도 비교적 쉬운 편이다. 비어디드보다 작은 파충류와 비교해볼 때 더 튼튼하고 강하며, 비어디드보다 큰 파충류와 비교해보면 손을 깨끗이 씻는 기본적인 위생습관만 잘 지켜진다면 어린이들에게도 비교적 안전하다.

필자가 발견한 비어디드 드래곤의 유일한 단점이라면 큰 사육장이 필요하다는 것이다. 사육장의 크기는 180cm 정도가 가장 적합하지만, 성체인 경우 최소한 120cm 크기의 사육장을 준비해야 바람직한 사육이 가능하다. 아마도 이러한 공간적인 제약 때문에 비어디드 드래곤이 여러분에게 최상의 애완동물이 될 수 없을지도 모른다. 비어디드 드래곤은 살아 있는 곤충을 포함해 상당한 양의 음식을 섭취하고, 계속해서 배설하기 때문에 사육장과 바닥재는 매일 깨끗이 청소해줘야 한다. 만약 매일 사육장을 청소하는 것이 번거롭게 느껴진다면 레오파드 게코(Leopard Gecko, 표범무늬도마뱀붙이)와 같이 곤충을 먹는 더 작은 크기의 도마뱀을 고려해보는 것이 좋다.

또 살아 있는 곤충을 급여해야 한다는 것이 부담스럽다면, 슈퍼마켓 등에서 쉽게 구할 수 있는 먹이도 잘 먹는 블루텅 스킨크(Blue-tongued Skink, 푸른혀도마뱀)를 고려해보거나, 퓌레(puree, 과일과 채소를 갈아 채로 걸러서 걸쭉하게 만든 음식)나 가공된 어린이식품을 주식으로 기를 수 있는 크레스티드 게코(Crested Gecko, 속눈썹도마뱀붙이)를 고려해보는 것이 좋겠다. 그러나 만약 여러분이 비어디드 드래곤을 위해 충분한 공간을 마련해줄 수만 있다면, 본종만큼 매력적이고 개성적이며, 재미있는 도마뱀은 거의 없다는 것을 곧 알게 될 것이다.

위생만 신경 쓴다면 최고의 애완동물

비어디드 드래곤이 다른 파충류에 비해 질병 전염의 위험이 비교적 적은 것처럼 보일지 모르지만, 집에서 같이 생활한다면 반드시 기본적인 위생관리를 해줘야 한다. 파충류는 살모넬라균을 종종 옮기기도 하는데, 이는 배설물에 섞여 있다가 사람(특히 유아나 아기, 면역력이 약한 사람들)에게 옮아 질병을 초래하기도 한다.

따라서 파충류는 식탁이나 부엌의 조리대와 같이 손으로 음식을 직접적으로 다루는 장소에 절대 오르게 해서는 안 되며, 파충류를 만지고 난 뒤에는 즉시 손을 깨끗이 씻어야 한다. 또한, 파충류용 밥그릇이나 물그릇은 사람이 사용하는 식기와는 분리해서 세척해야 한다. 건전하고 상식적인 판단에 따라 사육한다면 비어디드 드래곤을 좀 더 안전하고 가치 있는, 마치 가족과 같은 존재로 만들어줄 것이다.

Section 02

개체의 선별

비어디드 드래곤의 성공적인 사육을 위해 필요한 많은 조건들 가운데 '처음 개체 선택 시 선별에 신중을 기하는 것' 보다 더 중요한 것은 없다. 따라서 최대한 주의를 기울여 가장 건강한 개체를 신중하게 선택해야 한다. 아울러 비어디드 드래곤을 사육함으로써 기대하는 바가 무엇인지 따져보고, 자신과 교감할 수 있는 애완동물을 구하기 위한 것인지, 관상용으로 전시하기 위한 것인지, 번식용으로 구하는 것인지를 고려해 본인의 사육목적에 따라 개체를 선택해야 한다.

성별의 선택
비어디드 드래곤은 성별에 관계없이 좋은 애완동물이 될 것이다. 굳이 차이를 따지자면 수컷이 암컷에 비해 좀 더 크고 개성이 강하며, 종의 특징이 뚜렷하고 반응이 좋다. 만약 암수 상관없이 한 마리만 기를 예정이라면 비어디드 드래곤이 사회성을 가진 도마뱀이라는 점은 염두에 둘 필요는 없겠다(어쩌면 한 마리만 기르는 것이 훨씬 더 재미있을 수도 있다).

사육 마릿수의 선택

'몇 마리를 기르는 것이 적당한가' 라는 질문에 대한 답을 얻기 위해서는 먼저 본인이 사육을 시작하려는 목적부터 스스로 생각해봐야 한다. 만약 단순히 '애완동물'을 원한다면, 개성이 돋보이는 비어디드 드래곤 한 마리만으로도 충분히 만족할 수 있을 것이다. 그러나 비어디드 드래곤은 사회성이 있는 동물이기 때문에 비슷한 크기의 수컷과 암컷을 짝을 이뤄 사육하는 것이 이상적인 조합이라고 할 수 있다. 한 마리만 단독(특히 수컷)으로 기를 경우 무리를 이뤘을 때 다른 개체에게 보이는, 머리를 끄덕이는 것과 같은 사회적 행동을 사육자에게 나타내기도 한다.

전문적인 브리더인 경우에는 더 큰 규모의 그룹으로 기르면 된다. 보통 수컷 한 마리 당 암컷 두 마리의 비율이 일반적이지만, 사육장이 충분히 크다면 수컷 두 마리와 암컷 네 마리를 함께 기를 수 있다. 성체 수컷의 경우 번식기 동안에는 세력다툼을 하거나 짝짓기 상대를 두고 경쟁하기도 하지만, 서로에게 심하게 상처를 입힐 정도로 공격적이지는 않다. 그러나 그룹으로 비어디드 드래곤을 사육하기 위해서는 언제나 세심한 관찰이 필요하다.

어린 비어디드 드래곤을 그룹으로 기르는 경우 매우 경쟁적이고, 일찍부터 무리 내 서열이 결정되기 때문에 단독으로 기르는 경우보다 더 거친 경향이 있다. 일반적으로 덩치가 큰 개체가 작은 개체를 위협하고, 급여하는 먹이의 대부분을 독점하게 되면서 더 빨리 성장하게 된다. 그 결과 다른 개체를 더욱 위협하고 지배하게 된다. 이런 상황에서 만약 덩치가 작은 개체들을 큰 개체들과 분리해서 사육하지 않는다면, 작은 개체들은 자주 숨게 되고 활동성이 감소하게 되면서 결국에는 큰 개체들의 먹이가 될 것이다. 따라서 사육과정에 있어서 각 개체의 성장률, 건강상태, 활동상태 등을 면밀히 관찰하는 것이 무엇보다도 중요하다.

몇 마리를 기를 것인지 결정하기 위해서는 우선 사육의 목적이 무엇인지부터 생각해봐야 한다.

간혹 공격성을 보이는 개체들도 사육자의 관리 여하에 따라 차분하고 온순한 성격으로 길들여질 수 있다.

성격의 선택

비어디드 드래곤의 성격은 개체마다 차이가 있다. 어떤 개체는 다른 개체에 비해 좀 더 매력적이고 반응도 뛰어난 경우가 있으며, 또 어떤 개체는 좀 더 영리한 면모를 보여주기도 한다. 일부 개체는 드물게 어릴 때부터 겁이 없고 반항적이며, 물려고 입을 벌리는 행동을 보이기도 한다. 이런 행동을 보이는 개체들 가운데 일부는 더러 성격이 사나운 성체로 자라기도 하는데, 사람이 근처에 가기만 하면 물려고 위협하는 행동을 보이게 된다. 하지만 사육과정에서 사육자의 관리 여하에 따라 공격성을 보이는 개체들도 차분하고 온순한 성격으로 길들여질 수 있다.

크기의 선택

일반적으로 비교적 덩치가 큰 어린 개체가 아주 작은 크기의 해츨링보다 사망할 위험성이 적다. 즉 건강상태가 좋은 15~20cm 정도 크기의 주버나일 개체가 10cm 정도 되는 새끼보다 오랜 기간 생존할 가능성이 높기 때문에 그만큼 분양가도 높다. 만약 체색을 중요하게 생각하는 사육자라면 채도 및 명도가 높게 발현돼 나타나는 큰 개체를 선택하는 것이 원하는 바를 얻을 수 있는 가장 확실한 방법이다.

전문브리더들은 수컷 한 마리와 두세 마리의 암컷으로 구성된 그룹을 유지하는 것을 목표로 하기 때문에 그룹에서 초과되는 수컷 성체는 일반 사육자에게 분양하는데, 한 마리만 기르려는 사육자에게는 이러한 개체를 선택하는 것도 좋은 방법이다. 때때로 브리더들은 나이든 암컷 성체를 적당한 가격에 분양하기도 하는데, 이러한 개체들의 경우 번식을 위한 최적의 시기가 지났지만 향후 몇 년간 가족의 구성원으로서 좋은 애완동물이 될 수 있다.

개체 선별 시 피해야 할 것

눈을 감은 채 바닥에 가만히 엎드려 있는 개체는 선택하지 않는 것이 좋다. 아프거나 약한 개체는 잠깐 활동하고 종종 눈을 감고 있거나, 활력이 없는 듯한 행동을 보인다. 만약 사육장에 있는 대부분의 개체가 이와 비슷한 증상을 보인다면, 아픈 개체가 건강하게 보이는 다른 개체들까지 감염시켰을 가능성이 있으므로 같은 사육장 내에 있는 개체들은 입양하지 않는 것이 좋다.

골반뼈가 보이거나 꼬리가 가느다란 마른 개체를 선택해서도 안 된다. 특히 머리 뒤쪽부분의 살이 마른 개체는 피하도록 한다. 다른 부분도 마찬가지지만 머리 윗부분 뒤쪽의 살까지 말라서 두개골의 형태가 육안으로 확인될 정도라면 이미 돌이키기 어려울 정도로 심각한 영양결핍 상태임을 의미한다. 또 항문 주위나 꼬리가 시작되는 부분 주위에 배설물이 묻어 있는 개체는 내부기생충에 감염됐을 가능성이 있으므로 선택하지 않도록 한다. 왜소한 개체, 머리 뒷부분이 동글납작한 개체도 피하도록 한다. 이와 같은 결점들이 나중에 정상적으로 회복될 가능성이 있기

> **비어디드 드래곤의 배설물**
>
> 비어디드 드래곤이 밝은 흰색 테두리를 가진 어두운 색깔의 변을 보는 경우 정상인지 여부가 궁금한 사육자도 있을 것인데, 이 경우의 변은 정상이다. 대부분의 파충류와 마찬가지로 비어디드 드래곤도 배설할 때 물기가 조금 있는 요산염(대부분 요산) 형태로 질소를 배출한다. 이러한 형태의 변은 수분을 지키면서 질소노폐물을 배출시키는 역할을 한다. 건강한 개체는 흰색의 요산 성분을 가진, 색깔이 어둡고 반고체 상태인 대변을 배설한다. 반대로 물기가 많거나, 윤기가 없거나, 비정상적으로 얇고 냄새가 심하게 나는 대변을 볼 경우 질병에 감염됐을 가능성이 높다. 비정상적으로 많은 양의 무른 변을 볼 경우 역시 마찬가지다. 이처럼 배설물은 비어디드 드래곤의 현재 건강상태를 파악할 수 있는 척도가 되므로 항상 배변상태를 모니터링하는 것이 좋다.

도 하지만, 굳이 크기가 기준미달인 개체나 미성숙한 개체로 사육을 시작할 필요는 없다. 또 입을 반복적으로 여닫거나, 마치 전구가 터질 때 나는 '퍽' 소리를 내는 것은 호흡기감염의 증상이므로 선택하지 않도록 한다. 이러한 행동은 열원 아래에서 몸이 과열되기 시작할 때 입을 크게 벌리는 정상적인 행동과는 다르므로 혼동하지 않도록 한다.

결론적으로 말하자면 아프거나 체구가 왜소한, 다소 모자라는 개체를 '내가 입양해 구제할 수 있을 거야'라는 어리석은 생각은 하지 않는 것이 좋다. 대부분의 아파 보이는 어린 개체는 결국 죽게 된다. 만약 죽지 않고 계속 생존한다 해도 건강을 회복시키기 위해서는 상당히 많은 금액을 병원비로 지출하게 될 것이다. 자연은 약한 개체를 선택하지 않고 도태시킨다. 따

1. 매력적인 지그재그 문양을 가진 비어디드 드래곤. 이러한 특성이 고정될 수 있는지 여부는 아직 밝혀진 바 없다. 2. 머리골격의 크기와 색상의 복잡성은 비어디드 드래곤이 지닌 흥미로운 특성이다(사진은 원종).

라서 사육 시에도 그런 개체는 피하는 것이 좋다. 만약 건강한 비어디드 드래곤을 이미 기르고 있는 경우 아픈 개체를 새로이 합사시킨다면 기존의 개체들에게도 질병감염의 위험이 따르게 될 것이다.

건강한 개체의 특성

태어난 지 얼마 되지 않은 건강한 새끼들은 사육자의 커다란 손이 자신에게 다가올 때 입을 크게 벌리거나 물려고 하는 행동을 보인다. 이것이 건강한 새끼 비어디드 드래곤의 자연스러운 행동이다.

특성이 매우 훌륭하게 나타난 레드/골드 개체

몸의 윤곽이 둥그스름해야 하고, 특히 골반뼈나 척추 라인을 따라 뼈대가 도드라지지 않아야 건강한 개체다. 또한, 발가락과 꼬리가 모두 온전한 형태로 발달해야 하며, 눈빛이 반짝반짝한 개체를 선택하는 것이 좋다. 활동적이고, 일광욕을 할 때 머리와 상체를 세우고 편안하게 쉬는 개체가 좋다. 두 눈의 크기가 똑같고 서로 정확하게 대칭으로 균형을 이루고 있어야 하며, 등이 휘거나 구부러지지 않아야 한다. 판매자가 개체를 사육장에서 꺼내면 배를 사육자 쪽으로 향하게 해서 항문을 확인하도록 하는데, 항문 주위는 불그스름해야 하고, 배설물 찌꺼기나 덩어리가 없어야 한다.

합사 시의 격리

만약 새로 구입한 비어디드 드래곤 단 한 마리만 기를 예정이라면 격리문제는 생각하지 않아도 된다. 그러나 한 마리 또는 그 이상의 개체를 구입해 다른 비어디드 드래곤을 사육하고 있는 사육장에 합사시킬 예정이거나, 브리딩을 위해 무리를 추가하고자 하는 경우라면, 새 개체를 입양한 날부터 적어도 60일 정도는 신문지를 바닥재로 깐 별도의 분리된 사육장에 격리시켜야 한다.

이 기간 동안 신규 도입 개체를 주의 깊게 모니터링해야 하는데, 기생충감염 여부를 확인하기 위해 수의사에게 분변검사를 의뢰하고, 격리기간 동안 성장률과 건강상태를 점검하기 위해 매주 개체의 무게를 기록해야 한다. 특별히 관심을 가져야 할 질병은 콕시듐증과 요충감염인데, 이 두 가지 질병은 기존 집단에 빠르게 퍼질 수 있으므로 주의를 요한다. 새로운 개체들을 합사시키기 전에 격리단계를 거침으로써 앞으로 발생할지도 모르는 많은 문제들을 사전에 예방할 수 있다.

Section 03
사육 시 주의할 점

비어디드 드래곤을 사육하는 데 있어서 크기가 큰 사육장과 고가의 열원 및 조명이 필요하다는 것, 먹이로 살아 있는 곤충을 제공해야 한다는 사실이 단점이 될 수도 있다. 또 비어디드 드래곤은 매일 최소한 10~15분 정도 할애해 관리를 해줘야 한다. 그러나 이런 것들이 단점이 될 수 있음에도 불구하고 비어디드 사육이 즐길 만한 가치가 있는지 여부는 예비 사육자들이 판단할 몫이다.

핸들링
해츨링 단계의 어린 비어디드 드래곤은 허약하고 다치기 쉬우므로 길이가 20cm 정도 될 때까지는 핸들링을 삼가는(건강점검을 위한 핸들링은 제외) 것이 좋으며, 주버나일 단계의 개체라도 단단한 바닥에 떨어지면 심하게 다칠 수 있기 때문에 조심해서 다뤄야 한다. 또한, 직사광선에 그대로 노출됐을 때 몸이 과열될 위험이 있고, 낮은 온도에 노출됐을 때 체온이 저하될 수 있으므로 주의해야 한다.

비어디드가 사육주에게 관심을 보이기를 바란다면 생후 첫 8주 동안은 손으로 직접 먹이를 먹여주는 것이 좋다. 이때 만약 어린 비어디드가 우연히 사육자의 손에 올라간다면 좋겠지만, 그렇지 않다면 손을 사육장 내에 조심스럽게 둬야 한다. 개체의 길이가 20cm 정도에 도달하면 좀 더 자주 핸들링을 해줄 수 있게 되는데, 비어디드는 오랜 시간 동안 잡고 만지는 것을 좋아하지 않기 때문에 핸들링은 항상 짧은 시간에 끝내는 것이 좋다. 애완의 측면에서 보자면 비어디드의 피부는 만지기에는 너무 거칠다. 만약 애완동물과의 신체접촉을 중요하게 생각하는 사육자라면 상대적으로 부드러운 피부를 가지고 있는 블루텅 스킨크를 추천한다.

비어디드가 비록 사육자의 어깨 위에 가만히 앉아 있는 상태라 할지라도 그대로 외출하면 안 된다. 급작스럽게 외부환경에 노출되면 어깨 위에서 떨어질 수도 있고, 놀라서 도망가 버릴 수도 있다. 탈출한 비어디드는 개, 고양이, 큰 새 등의 먹잇감이 될 수 있고, 자동차 사고를 당할 수도 있으므로 주의해야 한다. 만약 성체급 비어디드를 데리고 잠시 외출해야 할 경우가 생긴다면 반드시 도마뱀용 몸줄을 착용시켜 이동하는 것이 안전하다.

비어디드는 오랜 시간 만져지는 것을 좋아하지 않으므로 핸들링은 항상 짧은 시간에 끝내는 것이 좋다.

언제든 공공장소에서 자신의 파충류를 보여줄 때는 많은 사람들이 파충류를 두려워한다는 사실을 항상 기억해야 한다. 이러한 이유로 필자는 렙타일 쇼나 교육적인 공개를 위한 합당한 장소 이외의 공공장소에서 대중들에게 파충류를 내보이는 것을 권장하지 않는다.

핸드 피딩

주인을 우두머리로 생각하고 교감하는 개와는 달리 비어디드 드래곤은 동료 간의 신체적 접촉이나 상호작용과 같은 그들만의 사회적 관계를 우선시하기 때문에 인간에게 끌리지는 않는다. 하지만 비어디드가 좋아하는 활동 중 하나인 먹이활동을 이용해 주인과의 교감형성이 가능하다. 규칙적인 핸드 피딩(손가락이나 손바닥을 이용해 먹이급여)은 사육자와 비어디드 사이에 긍정적인 관계를 성립하는 데 중요한 역할을 한다. 핸드 피딩은 비어디드가 태어난 지 몇 주 지나지 않았을 때 시행하면 금방 익숙해지게 되는데, 핸드 피딩을 통해 사육자가 맛있는 먹이를 주는 존재라는 것을 인식하게 되면 사육자가 사육장으로 다가갈 때 비어디드도 사육자에게 가까이 다가오게 된다.

필자가 가끔 받는 질문 중 하나는 비어디드를 훈련시키는 것이 가능한지에 대한 것이다. 필자는 먹이를 이용한 실험을 통해 반응성을 강화할 수 있는 다른 도마뱀들과 마찬가지로, 비어디드 드래곤 역시 훈련이 가능하다는 사실과 예상했던 결과보다 더 훌륭하게 훈련된다는 것을 확인했다. 현재 이러한 종류의 훈련과 교육에 대한 자료를 지속적으로 수집하고 있다.

위생과 그루밍

사육자가 비어디드를 위한 사육장을 아무리 크게 만들어준다 하더라도, 그것이 자연상태에서만큼 넓은 것은 아니다. 따라서 사육장 내의 비어디드는 자신이 배설한 대소변과 요산염, 먹다 남긴 음식물, 더러운 물, 오래된 바닥재를 지속적으로 가까이 접하게 된다. 이와 같은 오염물질은 비어디드가 질병에 쉽게 감염되는 요인이 되며, 이것이 사육장을 항상 청결하게 유지해야 하는 가장 중요한 이유다.

비어디드가 사육장 내 오염물질에 의해 더러워진 경우 목욕을 시켜줄 수 있다.

앞서 사육장을 규칙적으로 청소해야 할 필요성에 대해 언급했는데, 그렇다면 비어디드 자체의 청결을 위해서는 어떻게 해야 할까? 비어디드가 대소변이나 오염된 바닥재로 인해 더러워진 경우 목욕을 시켜줄 수도 있다. 목욕을 시키기 위해서는 우선 플라스틱 반찬통 등에 따뜻한 물을 2.5~5cm 정도 높이로 채운 다음 비어디드의 몸을 담근다. 이때 비누가 꼭 필요한 것은 아니며, 부드러운 칫솔이나 수건으로 더러워진 부분을 부드럽게 닦아주면 된다. 그런 다음 깨끗하고 따뜻한 물로 헹궈준다. 비어디드를 목욕시키는 데 사용한 수건이나 칫솔은 사람이 다시 사용해서는 안 된다.

비어디드 드래곤은 허물을 작은 조각으로 나누어 벗는다. 허물벗기는 1년 내내 정기적으로 일어나며(성체의 경우 1년에 한 번 정도), 이는 지극히 정상적인 현상이다. 이때 사육자가 허물을 일부러 잡아당겨 벗겨줄 필요는 없다. 때때로 핸드로션이나 오일 등을 사용해 벗겨주고 싶어 하는 사육자가 있기도 한데 절대 삼가도록 한다. 일어난 허물은 시간이 되면 스스로 자연스럽게 벗겨지는데, 가끔 낡은 허물이 꼬리와 발톱에 남아 있을 수도 있다. 이런 경우 벗겨지지 않고 남아 있는 낡은 허물이 혈류의 속도를 저하시키고, 결과적으로 세포를 괴사시킬 수 있기 때문에

다른 도마뱀과 마찬가지로 비어디드도 탈피를 하는데, 이는 사람의 피부가 햇볕에 탄 후 벗겨지는 것과 비슷하다.

사육주가 허물을 벗도록 도와주는 것이 필요하다. 미지근한 물에 충분히 적신 후 남아 있는 허물을 부드럽게 벗겨 제거할 수 있는데, 이렇게 했음에도 불구하고 남아 있는 허물이 벗겨지지 않는다면 수의사에게 데려가야 한다. 만약 이후로도 동일한 문제가 자주 반복된다면 사육장의 습도수준과 급수프로그램에 문제는 없는지 사육환경을 다시 한번 점검해볼 필요가 있다.

비어디드 드래곤의 발톱은 돌멩이와 거친 조약돌에 노출이 돼야 강해지고 짧아진다. 매끄러운 바닥에서 길러지는 개체들은 길게 자라난 발톱을 가끔씩 손질해줄 필요가 있다. 사육주가 직접 발톱을 깎아줄 수도 있고, 어렵게 느껴진다면 경험이 많은 선배 사육가의 도움을 받아도 된다. 발톱을 깎아줄 때는 고양이용 발톱깎이를 사용하면 되는데, 이때 만약을 대비해 항상 지혈제를 준비해야 한다. 자라나온 발톱 끝부분을 최대한 빠른 시간에 제거해야 하며, 혹시 혈관을 다쳐 피를 흘리게 되면 지혈제를 사용해 재빠르게 지혈하도록 한다. 지혈 후 남아 있는 발톱은 조금만 깎아주는 것이 좋다. 비어디드 드래곤의 발톱에 매니큐어를 발라주는 사육자를 본 적이 있는데, 필자의 경험에 비춰볼 때 사람이 사용하는 매니큐어가 비어디드에게 특별히 안 좋은 것은 아니지만 바디 페인팅이나 피어싱은 피하는 것이 좋다.

비어디드 드래곤의 탈피

탈피유무

비어디드 드래곤을 1년 넘게 길렀지만 허물을 벗는 모습을 한 번도 본 적이 없다며 비어디드가 과연 허물을 벗는지 물어오는 경우가 있다. 이 질문에 답을 하자면, 다른 파충류와 마찬가지로 비어디드 드래곤도 정기적으로 상피조직을 벗는다. 이는 인간의 피부가 햇볕에 타고 난 후 벗겨지는 것과 같다. 많은 수의 사육자들이 자신이 사육하는 비어디드가 실제로 허물을 벗는 모습을 본 적이 없으며, 단지 사육장 내에 흩트러져 있는 허물을 발견할 뿐이라고 한다.

탈피 중인 비어디드

대부분의 파충류가 어릴 때는 자주 허물을 벗고, 나이가 들수록 그 횟수가 줄어든다. 다치거나 피부에 질병이 생기면 상처를 치유하기 위해 허물을 벗는 빈도가 잦아지게 된다. 비어디드 드래곤은 벗겨진 낡은 허물을 먹기도 한다. 비어디드 드래곤의 탈피시기는 체색이 탁해지면서 피부에 하얀색의 필름층이 덮였을 때다. 이는 낡은 허물이 밑에 있는 새 허물에 의해 피부 표면으로 밀어 올려지고 있다는 것을 의미하며, 낡은 허물을 벗자마자 똑같은 피부가 바로 다시 올라온다. 어린 비어디드 드래곤을 집단으로 사육할 때 한 마리가 탈피과정에 있는 다른 개체의 낡은 허물을 벗겨주는 모습을 볼 수 있는데, 이런 현상은 성체에게서도 동일하게 일어난다.

탈피부전

비어디드 드래곤에게 있어서 탈피부전은 질병을 비롯해 영양과 습도부족, 사육조건 등 여러 가지 원인들로 인해 발생할 수 있다. 아픈 개체의 경우 탈피를 하기 위해 움직일 힘조차 없을 정도로 약해지기 때문에 탈피부전을 어렵지 않게 볼 수 있다. 또 상처로 인해 딱지나 흉터가 생기면 낡은 허물이 피부에 유착될 수 있다.

몸을 비비거나 바닥을 긁는 것과 같은 본능적인 행동습성은 신체 말단부에 벗겨지지 않고 남아 있는 낡은 허물을 제거하는 것을 도와준다. 이것이 사육 하에서도 자연적인 습성이 유지될 수 있는 환경을 갖춰줘야 하는 이유 가운데 하나다. 충분한 급수와 비타민·미네랄이 함유된 식단 역시 탈피 사이클을 유지시키고 탈피를 쉽게 할 수 있도록 하는 데 도움이 된다. 신선한 푸른 채소를 충분히 급여하는 것도 탈피와 관련된 여러 가지 문제들을 예방하고 해결하는 데 도움이 된다. 아픈 개체가 탈피부전을 겪고 있는 경우 낡은 허물을 벗겨내기 위해서는 일단 바닥에 신문지를 깔고 비어디드를 올려놓는다. 허물이 부드러워지도록 미지근한 물을 분무해준 다음, 손톱이나 족집게로 낡은 허물을 조심스럽게 벗겨내면 된다. 이때 중요한 것은 충분히 붙은 하얀 허물만 벗겨내야 한다는 것이다. 새로 만들어진 허물이 아직은 단단하지 않고 부드러운 상태이므로 심각한 상처를 일으킬 수 있기 때문이다.

비어디드 드래곤과 여행가기

비어디드를 수년간 기르다 보면 동물병원을 방문한다거나, 새로운 집으로 이사를 한다거나, 혹은 휴가를 함께 떠나야 되는 등 비어디드를 데리고 장시간 외출해야 하는 경우가 생기게 된다. 이때 애완용품 샵에서 쉽게 구입할 수 있는 작은 고양이용 캐리어를 이용하면 별다른 문제없이 이동시킬 수 있다.

캐리어는 비어디드가 새로운 냄새, 좁고 사방이 막힌 공간에 잘 적응할 수 있도록 여행을 떠나기 전에 미리 구입해놓는 것이 좋다. 새 캐리어에 비어디드를 적응시키기 위해서는 우선 사용하지 않는 수건, 화장실 휴지 또는 신문지를 캐리어 바닥에 깔아둔다. 그런 다음 비어디드를 1~2분 정도의 짧은 시간 동안 캐리어에 넣어두는 연습을 시작하는데, 이때 비어디드가 좋아하는 먹잇감을 함께 넣어두는 것이 좋다. 처음에는 캐리어 문을 열어두고 사육주가 비어디드 옆에 있어야 한다.

만약 비어디드가 두려움을 느낀다면 억지로 가둬두지 말고 캐리어에서 나오게 한 후 진정할 시간을 주도록 하며, 한 시간 정도 지난 뒤에 다시 시도해보는 것이 좋다. 비어디드가 캐리어 안에서 편안함을 느끼게 되면 훈련시간을 늘려도 되며, 문

비어디드를 데리고 여행을 떠나는 경우 사고를 미연에 방지하기 위해 이동을 위한 준비를 하는 것이 좋다.

을 닫는 연습을 해도 괜찮다. 비어디드는 이제 캐리어와 맛있는 먹이를 연결시켜 인식하게 되고, 캐리어 안에 들어가 머무르는 것에 익숙해질 것이다. 캐리어를 이용해 비어디드를 이동시킬 때는 사육주의 정확한 정보가 기재된 라벨을 꼭 부착하도록 해야 한다. 필자는 수화물 태그에 이름, 주소, 전화번호를 크고 선명하게 적어 캐리어에 부착하고, 지워지지 않는 펜으로 캐리어 양쪽에 필자의 전화번호와 '안전한 파충류(HARMLESS REPTILE)'라고 크게 적어둔다.

대부분의 파충류는 움직이는 것을 싫어한다. 일반적으로 낯선 환경을 접하면 두려워 숨게 되며, 먹고 마시고 탐색하는 것을 꺼리게 된다. 하지만 애완용 비어디드 드래곤은 여행할 때나 새로운 환경을 접했을 때 비교적 스트레스를 적게 받는 동물이다. 심한 상처로 인해 회복이 더뎠던 어린 비어디드의 사례가 생각나는데, 필자는 추운 북쪽지방에서 살던 그 비어디드를 따뜻하고 해가 쨍쨍한 플로리다로 옮겨왔다. 햇살이 비치는 지역에서 그 비어디드는 일광욕을 하고 먹이를 먹었으며, 밝은 태양과 따뜻한 온도의 자극으로 인해 서서히 회복돼갔다.

비어디드와 여행 시 주의사항

- 덥거나 해가 쨍쨍한 날, 자동차 문을 닫은 채 가둬두면 과열돼 폐사할 수 있으므로 주의한다.
- 대부분의 항공사가 파충류를 객실에 태우는 것을 허용하지 않으며, 더운 날씨에는 화물칸에 태우는 것도 허용하지 않으므로 비행기를 이용해 여행할 예정이라면 항공사에 미리 문의해야 한다. 비어디드를 화물칸에 태워 이동할 경우 특수포장과 단열은 필수적이다. 한편 비어디드 드래곤을 객실에 몰래 데리고 타는 일은 없도록 주의한다. 이것이 위법행위라고 할 수는 없지만, 경험으로 미뤄볼 때 결코 좋은 방법이 아니다.
- 평소 집에서 먹이던 먹이, 특히 물을 준비해야 한다. 낯선 냄새는 비어디드가 다른 먹이와 물을 싫어하게 만들 수 있다. 집에서 사용하던 그릇을 준비해 먹이와 물을 주는 것도 좋다.
- 캐리어의 바닥재는 매일 갈아줘야 하며, 여분의 수건을 준비해야 한다.
- 대부분의 사람들이 파충류를 무서워한다는 사실을 기억하고, 사람들을 놀라게 하지 않도록 주의한다.
- 비어디드와 호텔 객실에 묵었다면 직원들을 놀라게 하지 않도록 주의해야 한다. 객실 서비스는 피하고(필요한 것이 있다면 룸서비스 이용), 문 앞에 방해하지 말아달라는 문구를 붙여놓도록 한다.
- 호텔 객실의 바닥, 깔개, 욕조는 화학약품과 살충제로 소독돼 있을 수 있으므로 비어디드를 호텔 방안에 풀어놓을 경우 주의해야 한다.
- 휴게소, 골프장, 도시공원, 교외정원 등의 잔디나 나무들은 농약이 살포되므로 비어디드를 낯선 지역에 풀어놓을 경우에는 특히 더 조심해야 한다.

비어디드를 데리고 여행을 떠날 경우에는 캐리어를 이용해 안전하게 이동하도록 한다.

이러한 경험을 통해 필자는 파충류를 실내에서 사육하는 것은 추천하면서도, 여행을 떠날 때 집에 놔두지 않고 함께 데리고 다니는 사육자를 이해하고 또 감사하는 마음을 갖게 됐다.

비상사태에 대한 대비

모든 사육자가 가능하면 피하려고 노력하겠지만 재난의 위험은 도처에 도사리고 있다. 재난의 유형은 매우 다양한데, 확실한 것은 어떤 유형의 재난이든 사육자 자신과 비어디드가 다치게 되거나 심지어 죽음을 초래할 정도로 위험할 수도 있다는 것이다. 각자 살고 있는 나라에 따라 다르겠지만 지진, 눈보라, 태풍, 폭풍우, 회오

리바람, 홍수나 화재로 피해를 입을 수 있다. 사육주는 이러한 재난을 당했을 때 비어디드를 안전하게 보호할 수 있도록 미리 대비하는 것이 필요하다. 만약 집을 떠나 있어야 하는 상황이라면 비어디드가 일주일 정도의 기간 동안 버텨낼 수 있도록 대비를 해야 한다. 다행히 비어디드는 잡식성 동물이라 살아 있는 먹이를 구할 수 없을 때는 채소와 간단한 간식만으로도 생활할 수 있다. 개나 고양이용 건조사료에 얼려뒀던 채소와 고기를 녹여 섞어서 급여할 수도 있다. 이때 비어디드는 단기간 동안은 먹이를 먹지 않고 버틸 수 있지만 물은 매일 급여해야 한다. 물병에 신선한 물을 챙겨서 비어디드가 필요할 때 먹게 하거나, 몸을 적셔주도록 한다. 만약 대피명령이 떨어진다면 어떻게 해야 할지도 고민해야 하는데, 일반적으로 두 가지 방법이 있을 수 있다. 하나는 비어디드를 데리고 대피하는 방법이고, 다른 하나는 사육주가 대피할 때 비어디드를 집에 남겨두고 가는 방법이다. 대피소는 대부분 애완동물은 받아주지 않으므로 항상 비어디드에 앞서 사육주 자신의 생존과 다

비상사태에 대한 대책수립 시 고려사항

- 비어디드 드래곤을 이동시키거나 임시사육장으로 사용할 플라스틱 캐리어를 준비해둬야 한다.
- 비어디드에게 필요한 조명과 열원, 먹이와 수분공급에 대한 내용을 작성해 보관하고, 비어디드의 사육장에도 붙여둔다. 비상사태로 인해 사육주가 집에 못 들어가게 됐을 때 이웃이나 도움을 줄 만한 사람들이 이 메모를 참고할 수 있다.
- 만약 대피해야 하는 경우라면, 응급요원이 사육주의 집을 방문했을 때 눈에 잘 띄도록 현관출입문 앞에 유성펜으로 연락처를 적어둬야 한다.
- 사육주의 이름과 소재지, 사육주의 기본적인 정보를 알고 있는 가족이나 친구들의 연락처도 적어둬야 한다. 만약 비어디드가 집안에 있다면 사육장이 설치된 장소를 명시하고, 비어디드가 위험하지 않은 동물이라는 것을 강조해야 한다.
- 담당수의사의 연락처를 가지고 있어야 하고, 파충류를 기르는 친구와 공공도움기관, 동물원의 연락처도 가지고 있어야 한다. 하지만 다른 사람들도 동일한 상황을 겪는다는 것을 기억하고 여러분을 도와줄 수 없을지도 모른다는 것도 염두에 둬야 한다.
- 만약 정전이 됐거나, 모텔 등 열원이 제공되지 않는 곳에서 지낸 비어디드의 체온이 떨어졌다면 먹이를 주지 말고, 체온이 오를 때까지 기다렸다가 급여하도록 한다.
- 응급상황이 종료되면 수의사에게 진료를 받거나 전문적인 진찰을 꼭 받도록 한다. 특히 낮은 온도, 담배연기, 더러운 물, 건조한 환경 또는 오랜 시간의 단식에 노출됐을 때 더욱 전문가의 진단이 필요하다.

재난을 당했을 때 비어디드를 안전하게 보호하고 위험을 최소화할 수 있도록 미리 대비하는 것이 필요하다.

른 사람들의 안전을 고려해야 한다. 비상사태가 발생했을 때 절대로 스스로를 위험에 빠뜨려서는 안 되며, 심지어 비어디드가 죽게 되는 상황이 오더라도 마찬가지다. 필자는 폭풍우와 태풍의 영향으로 각각 5일 동안 정전을 겪은 경험이 있는데, 그때 비상사태에 대비한 사전준비의 중요성에 대해 절실하게 깨닫게 됐다. 재난으로 인한 비상사태가 발생했을 때 겪는 스트레스의 수준이 상당히 높다는 것을 경험을 통해 배우게 됐고, 한 사람이 중심을 잡고 제대로 대처하는 것만이 가족과 이웃의 안녕, 자신의 인생과 자산을 구하는 길이라는 것을 절실하게 느꼈다. 막상 비상사태가 발생하면 사육자가 비어디드까지 신경을 쓸 여력이 없으므로 미리미리 대처할 계획을 세우도록 하는 것이 좋다.

비상사태와 관련해 반드시 언급하고 싶은 경험이 또 하나 있다. 필자의 친구 중 한 명은 집에 화재가 발생했을 때 위험을 무릅쓰고 자신의 비어디드 드래곤을 살리려고 하다가 결국 목숨을 잃었다. 만약 자신의 집에 화재가 발생한다면 무조건 피하기를 권한다. 사육 중인 비어디드 드래곤을 구하려고 탈출을 주저해서는 안 되며, 시간이 충분하다거나 스스로 운이 좋을 것이라는 생각은 하지 말고 최대한 빨리 피해야 한다.

비어디드 드래곤과의 이별

언젠가는 자신이 기르던 비어디드와 헤어지게 될 날이 올 것이다. 사육자가 비어디드 사육에 흥미를 잃었거나, 다른 사육자에 분양하면서 헤어질 수도 있다. 필자는 비어디드 브리더로서 이 문제들을 여러 차례 다뤘고, 필자의 경험이 이별의 힘든 순간을 겪는 사육자에게 도움이 될 수 있을 것이다. 다음은 여러분이 더 이상 비어디드를 돌보지 못하게 됐을 때 필자가 해줄 수 있는 충고들이다.

첫째, 절대로 비어디드를 방생하지 말도록 한다. 방생된 비어디드는 장시간 살 수 없을 뿐더러 죽기까지의 시간이 고통과 공포로 가득 채워질 것이다. 인간에게 사육되던 비어디드는 더 이상 야생동물이 아니며 도시, 교외, 시골, 공원 또는 야생적인 지역에서 생존할 수 없다.

둘째, 가장 가까운 동물원이나 파충류동호회에 연락하면 파충류를 사육하기에 적절한 설비를 갖춘 곳을 추천해줄 것이다.

셋째, 비어디드를 재판매할 경우 될 수 있으면 분양받을 사람과 미리 이야기를 나눠보고, 좋은 환경에서 잘 길러줄 수 있는 사육자를 선택하도록 한다.

넷째, 필자는 비어디드의 개체수가 초과되면 종종 분양을 하는데, 특히 파충류시장에 관심을 가지고 있는 청년들에게 새로운 애완동물을 기르는 것에 대해 충분

자신이 사육하는 비어디드와 언젠가는 이별을 하게 된다는 사실을 염두에 두도록 하자(사진은 폐사개체).

히 설명을 덧붙이고 분양해준다. 이는 파충류사육문화(herpetoculture)를 물려주는 것이며, 필자에게는 만족감을 주고 새로운 비어디드 주인에게는 올바른 사육의 길을 알려주는 것이 된다. 여러분도 이와 같이 하기를 권한다.

가끔은 더 어려운 결정을 해야 하는 경우가 생기게 되는데, 자신의 비어디드가 너무 많이 아프거나 너무 늙어 생을 이어가기 버거운 경우에는 안락사를 고려해야 한다. 사랑하는 애완동물을 최소한의 고통으로, 스트레스 또는 두려움 없이 편안하게 죽게 해주는 것이 주인으로서 갖춰야 할 책임 중 하나이며, 여러분의 비어디드에게 줄 수 있는 마지막 선물이다. 안락사를 결정했다면 다음과 같이 몇 가지 고려할 사항이 있다.

첫째, 비어디드를 냉동고에 가두거나 먹이와 물의 공급을 끊음으로써 죽게 만드는 행위는 절대로 하지 않도록 한다. 이러한 행위는 매우 무자비하며, 비어디드에게 더 극심한 고통을 주는 방법이다. 둘째, 수의사의 자문을 받도록 한다. 인도적인 안락사는 비용이 많이 들지 않고 비어디드에게는 고통이 가장 적은 방법이다. 수의사가 부검과 화장에 대한 조언을 해줄 것이다. 만약 사육주가 매장하기를 원한다면 비어디드를 데려갈 수도 있고, 화장하고 난 후 재를 받거나 수의사에게 뒤처리를 맡길 수도 있다. 이때 절대로 비어디드의 시체를 쓰레기통에 버려서는 안 된다.

셋째, 애지중지 기르던 애완동물의 죽음은 주인에게 매우 슬픈 일이다. 대부분의 사육자는 마치 자신의 친구나 가족이 죽었을 때와 비슷한 슬픔을 느끼게 될 것이다. 이때 애완동물 슬픔상담사의 도움을 받을 수 있다(우리나라는 해당 안 됨).[1] 어느 정도 시간이 흐르면 비어디드와 함께 했던 소중한 시간들만 기억하게 되고, 마음을 다시 한번 열고 다른 비어디드 드래곤을 데려오는 것을 고려하게 될 것이다.

---

1) 산업화, 핵가족화, 고령화되는 현대사회에서 애완동물은 반려동물(companion animal)이라는 새로운 명칭으로 가족의 일원으로까지 대접받기도 한다. 이런 상황에서 사육 중인 애완동물이 사망하는 경우 사육자가 느끼는 충격도 단순히 동물로만 사육하던 예전보다는 간과하기 어려울 정도로 큰 경우가 많다. 특히 사육하던 동물에 애정이 깊었던 일부 사육자는 애완동물의 상실에 대한 정신적인 충격이 일정기간 이상 지속돼 일상생활에 지장을 줄 정도로 악화되는 애완동물상실증후군(Pet Loss Syndrome)이라는 적응장애를 겪는 경우도 있다. 하지만 우리나라 실정상 동물의 죽음을 가족의 죽음과 동일시하는 상황을 일반적으로 받아들이기 어려운 것도 사실이며, 현재 국내에는 이 증상만을 위한 전문적인 치료시설이나 상담전화도 마련돼 있지 않다. 이러한 상실의 슬픔은 위로와 공감, 정상적인 애도과정으로 극복해 나가는 것이 이상적이라고 생각된다.

CHAPTER 03

비어디드 드래곤 사육장의 조성

비어디드 드래곤을 기르는 데 꼭 필요한 사육장과 바닥재의 종류 및 특성에 대해 살펴보고, 사육장 환경의 조성과 유지관리에 대해 알아본다.

Section

사육장과 바닥재의 선택

필자는 늘 비어디드 드래곤 사육자에게 비어디드에 맞는 사육장을 반드시 준비하라고 조언한다. 비어디드를 집안에서 자유롭게 돌아다니도록 풀어 기르는 것이 얼핏 좋아 보일 수 있지만, 이는 상당한 위험이 따르는 사육방법이다. 비어디드를 풀어놓고 기르면 체온을 적절하게 유지하지 못하고, 물을 제대로 섭취하지 못하며, 면역성이 떨어짐으로써 질병에 쉽게 걸릴 수 있다. 또 이리저리 돌아다니다 사육자한테 밟히거나 개나 고양이 등에게 희생될 수도 있고, 전선에 걸려 치명적인 감전사고를 당할 수도 있다. 커튼 같은 가연성 물질에 열원이 가까이 설치돼 있는 경우 화재로 인한 화상을 입을 위험도 있으며, 책이나 전등같이 무거운 물건이 떨어져 맞기라도 하면 심각한 상처와 트라우마가 생길 수도 있다.

따라서 책임 있는 사육자라면 비어디드에게 적절한 사육장을 마련해 최적의 환경을 제공하기 위해 노력해야 한다. 만약 풀어놓고자 한다면 사육자의 시선이 닿는 가까운 곳에 잠깐 정도만 꺼내놓는 것이 좋다. 다음은 비어디드 드래곤에게 적절한 사육장과 바닥재에 대해 알아보도록 하자.

사육장의 크기

비어디드 드래곤은 중형 도마뱀으로서 성장함에 따라 조금씩 더 큰 사육장을 필요로 한다. 사육자의 입장에서는 처음 사육장의 크기를 결정할 때 차후 비어디드 드래곤이 완전히 성장했을 때를 고려해 최대한 큰 사육장을 마련하고 싶겠지만, 실제로는 두 단계로 나눠 사육장의 크기를 변경하는 것이 가장 이상적이다.

어린 개체의 경우 처음 4~6개월 정도는 70cm 길이의 사육장에서 기르면 된다. 체구가 작은 어린 개체를 지나치게 큰 사육장에서 사육하면 먹이와 물, 일광욕할 자리 혹은 그늘을 찾는 데 어려움을 겪을 수 있기 때문에 권장하지 않는다. 그러나 개체가 성장하면 좀 더 큰 사육장을 마련해줘야 한다. 한두 마리 정도의 성체를 사육할 경우 사육장의 크기는 최소한 가로세로 120x60cm 또는 180x45cm 정도가 적당하다. 아무리 작게 잡아도 120x33cm 이하의 크기는 바람직하지 않은데, 이보다 더 작은 크기의 사육장에서 기르면 비어디드의 활동이 제한됨으로써 건강상태를 최적으로 유지하기 어렵다. 사육장의 크기는 비어디드 분양을 결정하기 전에 먼저 고려해야 한다.

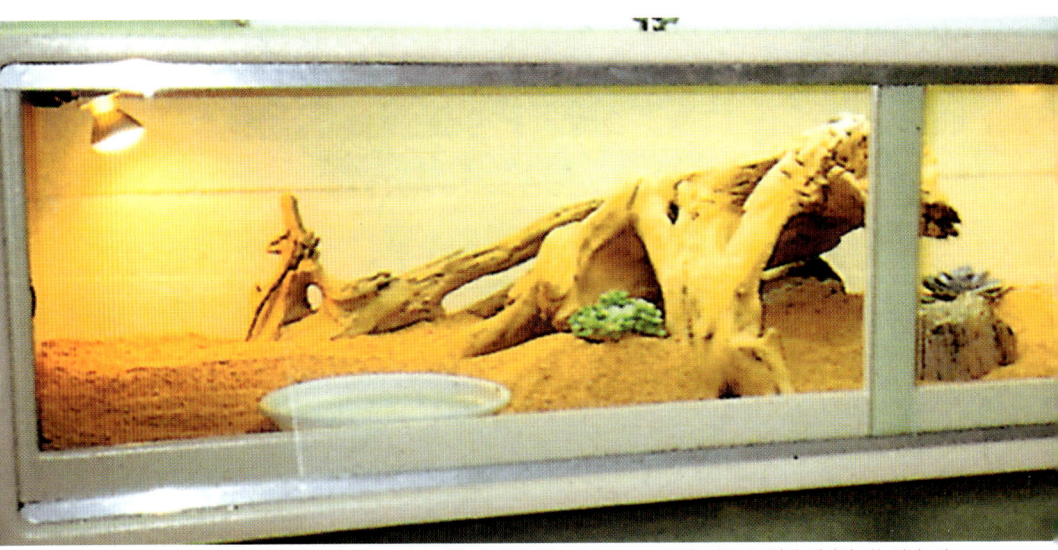

전면에 유리문이 장착된 플라스틱 몰딩의 대형 뱀 사육장은 비어디드 드래곤을 기를 수 있게 개량이 가능하다. 사진의 사육장은 비어디드 드래곤과 사육요구조건이 비슷한 종인 사막 이구아나를 위해 제작돼 판매되고 있는 것이다. 이와 같은 플라스틱 사육장을 이용할 때는 플라스틱이 녹는 것을 방지하기 위해 열원의 설치에 주의를 기울여야 한다.

애완동물 샵에서 가장 보편적으로 판매되는 파충류전용장은 뚜껑을 열고 닫을 수 있는 유리수조(우리나라에서는 전면여닫이형과 전면미닫이형 두 가지 타입의 파충류전용장이 판매되고 있다)인데, 비어디드에게 상당히 훌륭한 사육장이다. 파충류용품 샵에는 비어디드 드래곤 사육 시 이용할 수 있도록, 앞면을 열고 닫을 수 있게 만든 가벼운 플라스틱 소재의 큰 사육장이 판매되고 있다(간혹 외국에서 시판되는 이런 파충류전용 사육장을 개인적으로 직접 수입해 사용하는 경우도 있으나 우리나라에는 정식으로 수입해 공급하는 업체가 아직은 없다).

어린 개체를 일시적으로 사육하기 위해 설치한 75cm 길이의 사육장 전경. 배경의 식물은 산세비에리아와 놀리나

실외사육장 설치 시 주의사항

남부캘리포니아 같은 미국의 몇몇 따뜻한 지역에서는 비를 피할 수 있는 은신처, 파고 들 수 있는 흙이나 건초더미 등이 제공되기만 한다면 실외사육장이나 사방이 둘러싸인 우리에 비어디드 드래곤을 일 년 내내 방사 사육할 수 있다. 또한, 온실 안에 비어디드 드래곤을 위한 효과적인 사육공간을 만들 수도 있다. 온실에 사육공간을 꾸밀 때는 칸막이, 개폐가 가능한 창, 환풍기, 열원들을 포함해 비어디드 드래곤을 모니터링하고 적정온도를 유지하기 위한 조절장치가 구비돼 있어야 한다.

미국의 다른 대부분의 지역에서는 따뜻한 계절(우리나라의 경우 기온이 오르는 늦봄부터 초가을까지)에 간단한 방사장을 만들어 실외에서 사육할 수 있다. 실외에서 사육할 경우에는 탈출을 방지하고 여우, 너구리, 고양이, 새와 같은 잠재적인 약탈자에게 희생되는 것을 막기 위해 차단막이나 그물망으로 뚜껑을 만들어 사육장을 안전하게 꾸며줘야 한다. 요즘 파충류 샵에서는 야외용 대형 플라스틱 사육장이 저렴하게 판매되고 있는데, 이러한 제품을 야외에 설치해놓고 일광욕을 시켜주는 것도 매우 좋다(제4장 참고).

야외사육장에 이와 같은 목재 팔레트를 설치하면 쉴 수 있는 그늘과 일광욕을 할 수 있는 장소를 동시에 제공할 수 있다.

이때 콘크리트나 아스팔트 위에 사육장을 그대로 방치해서는 안 되는데, 콘크리트나 아스팔트 바닥은 햇볕이 내리쬘 때 열을 그대로 흡수하기 때문이다. 만약 사육장 내에 그늘이나 물, 오를 수 있는 공간이 없다면 비어디드 드래곤이 과열돼 폐사할 위험이 있다.

바닥재의 종류와 특성

모래는 잠재적으로 장폐색의 위험이 있기 때문에 어린 비어디드 드래곤을 기를 때는 많은 사육자들이 신문지를 바닥재로 사용한다. 필자의 경우 20cm 이상 되는 비어디드에게는 이산화규소(silica)를 원료로 제조된 먼지 없는 놀이용 모래(dust-free play sand, 어린이용 모래놀이통에 사용됨)를 바닥재로 사용하는데, 장폐색이 발생한 적은 없었다. 흔히 이용되는 바닥재의 종류는 다음과 같다.

■**배어 탱크** : 바닥재 없이 사육하는 형태로 많은 브리더들이 일체의 바닥재를 깔지 않은 플라스틱통 혹은 유리사육장에 어린 비어디드를 기른다. 배어 탱크의 장점은 배설물 확인이 용이하고, 먹이가 되는 귀뚜라미가 숨을 곳이 없으며, 장폐색의 위험을 최소화할 수 있고, 유지관리에 손이 덜 간다는 점이다. 또한, 세팅된 구조물

을 제거하기 쉽고, 세척을 위해 사육장 전체를 외부로 이동할 때 용이하다. 단점은 사육장 바닥을 정기적으로 닦아내야 한다는 것인데, 비어디드 드래곤이 점점 크게 자랄수록 지저분해진 배어 탱크를 청소하기 어려워지기 때문에 효율성이 떨어지게 된다. 또한, 큰 개체를 배어 탱크에서 기르면 미끄러운 바닥으로 인해 발톱이 지나치게 길게 자라거나 발가락이 구부러질 수 있다.

■**신문지** : 신문지는 병든 동물을 격리하고 치료할 때 가장 많이 추천되는 바닥재다. 저렴하고 쉽게 구할 수 있으며, 교체하기도 쉽고 배설물의 상태를 확인하는 데도 아주 적합하다. 많은 전문가들은 대변의 상태를 관찰하기 쉽고, 장폐색의 위험이 없기 때문에 어린 비어디드 드래곤을 기를 때 바닥재로 신문지를 추천한다. 단점이라면 시각적으로 별로 안 좋고, 매일 혹은 정기적으로 교체해줘야 하는데 이것이 상당히 번거롭다는 점이다. 또한, 성체의 경우 신문지를 바닥재로 오랜 기간 사용하면 발톱이 길게 자라거나 발가락 변형을 유발할 수 있다.

■**모래** : 모래는 필자가 가장 선호하는 바닥재다. 어린 개체를 포함해 모든 연령대의 비어디드 드래곤에게 다양한 종류의 모래를 사용하는데, 한 번도 문제를 겪은 적은 없다. 그러나 어린 개체의 경우 모래로 인한 장폐색(sand impaction)이 발생했다는 보고가 있으므로 해츨링 단계부터 20cm가 될 때까지는 종이타월이나 신문지 등을 사용할 것을 권장한다. 이후 단계부터는 모래를 사용하는 것이 가장 자연스럽고 관리가 용이하다. 필자가 모래를 선호하는 이유는 비교적 먼지가 없다는 점 때문이기도 한데, 파충류 샵에서 판매되고 있는 석회석모래를 포함한 형태의 모래는 보기에도 좋고 비어디드 드래곤에게도 나쁘지 않다. 그러나 칼슘성분이 포함된 모래를 섭취해 심각한 장폐색을 일으킨 개체가 있다는 보고가 있으므로 충분한 정보가 나오기 전까지 모래바닥재는 크기가 큰 개체에 한해서만 사용하는 것이 최선이라 하겠다.
비어디드가 모래를 파헤칠 때 발생하는 먼지를 들이마시면 건강에 문제가 생길 수 있으므로 안전하지 않은 모래나 씻지 않은 모래, 특히 정제되지 않은 이산화규소 모래는 사용하지 않는 것이 좋다. 매일 배설물을 청소하고, 고양이용 모래삽 등을

모래를 바닥재로 사용할 때는 안전하고 깨끗한 것으로 선택하되, 매일 배설물을 제거해 주도록 한다.

이용해 모래에서 냄새나는 부분을 제거해야 하며, 매 4주마다 또는 필요하다고 생각될 때마다 사육장의 모래를 완전히 교체해야 한다.

■모래+소일 : 모래와 소일을 혼합해 사용하면 매우 좋다. 소일의 문제점은 비어디드 드래곤의 발색이 짙은 갈색 톤으로 어둡게 나타난다는 점과 먼지가 많이 발생한다는 점인데, 모래를 섞어 쓰면 소일의 문제점이 보완되고 오염된 특정 부분을 청소하기도 용이하다.

모래와 소일을 섞어 쓸 경우 정기적으로 교체해줘야 한다. 한편, 사육장을 외부에 설치하는 경우 대부분 사육장 또는 온실의 바닥을 자연상태의 흙으로 꾸며주는데, 일반적으로 비어디드 드래곤과 조화를 잘 이루는 바닥재가 된다.

■알팔파 펠렛 : 알팔파 펠렛은 흡수력이 뛰어나다는 장점이 있는 반면 여러 가지 단점도 있다. 알팔파에 심각한 알레르기 증상을 보이는 사람도 있고, 특히 젖으면 심한 악취를 풍기며, 시간이 지나면 바스러져서 먼지가 상당히 많이 발생한다. 응애와 같은 벌레들이 퍼질 위험도 있는데, 응애는 동물에게 특별한 해를 끼치지는 않지만 사육장 밖으로 퍼져 심하면 부엌까지 번질 수 있다(집안 전체로 번질 수도 있음). 또 알팔파는 너무 부드러워서 발톱의 길이를 적절하게 유지하기 어렵다.

어떤 수의사는 알팔파 펠렛이 잦은 호흡기질환의 발생 원인이라고 주장하기도 한다. 펠렛을 바닥재로 사용하는 경우 젖으면 곰팡이가 금세 피기 때문에 사육장 내의 비어디드가 호흡하면서 곰팡이 포자를 들이마시게 되고, 그 결과 호흡기질환을 일으킬 수 있다. 이러한 이유들 때문에 펠렛 바닥재는 결코 권장하지 않는다(우리나라에서는 알팔파 펠렛을 바닥재로 사용하는 경우는 거의 없다).

Section 02

사육장환경 조성과 유지

앞서도 언급했듯이 비어디드 드래곤의 원서식지는 호주이며, 대부분의 비어디드가 호주의 따뜻하고 건조한 지역에 서식하므로 사육 시에도 야생상태와 비슷한 환경을 조성해줘야 한다. 이번 섹션에서는 비어디드 드래곤에 알맞은 최적의 환경을 갖춰주기 위해 주의해야 할 사항들에 대해 알아보도록 한다.

기어오를 수 있는 환경 조성

비어디드 드래곤을 위한 사육장 세팅 시 상당수의 초보사육자들이 저지르는 실수 중 하나는 기어오를 수 있는 환경을 만들어주지 않는다는 것이다. 이는 비어디드가 활동할 수 있는 공간을 제약하기 때문에 결코 바람직하지 않으며, 미관상으로도 단조로운 느낌을 준다. 인랜드 비어디드 드래곤은 반나무위생활(semi-arboreal)을 하는 종으로 바위나 마른 나뭇가지를 기어오르는 것을 좋아하며, 호주에서는 흔히 울타리 옆에 비치된 우체통이나 난간 위에서 발견된다.

어린 비어디드 드래곤 사육을 위해 세팅된 90cm 길이의 사육장. 비어디드가 기어오를 수 있는 공간과 일광욕을 할 수 있는 공간이 디자인돼 있고, 살아 있는 식물, UVB 형광등, 보조열원으로 락히터가 설치돼 있다.

사육 하에서는 두터운 마른 나뭇가지나 돌을 이용해 이와 유사한 공간을 만들어줄 수 있으며, 사육장 뒷면이나 옆면을 입체적인 백스크린으로 꾸며줄 수도 있다. 사육장 내에서 좀 높게 튀어나온 부분은 비어디드가 일광욕을 하기에 이상적인 공간이 된다. 따라서 대부분의 사육자들이 사육장을 초기 세팅할 때 스팟 램프 아래에 이러한 공간이 위치하도록 디자인하는데, 이 공간은 적어도 사육장 하나에 한 곳 정도는 반드시 만들어줘야 한다. 사육장 내에 솟아오른 부분을 만들어주는 것과 동시에 구조물을 전혀 설치하지 않은 빈 공간도 조성해줘야 하는데, 적어도 바닥 면적의 2/3 정도는 열린 공간으로 남겨두는 것이 좋다.

비어디드 드래곤은 밤에 잠을 잘 때나 겨울철 휴면을 할 때 좁고 어두운 은신처를 이용한다. 필자가 비어디드 은신처로 즐겨 사용하는 것은 둥근 형태의 큰 코르크 바크 조각이다. 코르크 바크는 장식적인 면에서도 아름답고 가벼우며, 청소하기도 쉬워 매우 훌륭한 은신처가 된다.

발톱관리를 위한 구조물 설치

단단하고 매끄러운 바닥이나 부드러운 바닥재 위에서 비어디드를 기를 경우 발톱이 지나치게 길게 자라거나 발가락이 옆으로 휘게 된다. 이를 방지하기 위해서는 바닥재 표면에 거친 자갈을 뿌려놓거나, 조경에 사용되는 석회암과 같은 거친 돌을 이용해 사육장을 꾸며주는 것도 좋다. 비어디드가 사육장 내에 비치된 거친 구조물을 타고 오르거나 뛰면서 발톱이 닳게 된다.

비어디드 사육장에 어울리는 식물

비어디드 드래곤 사육장에 잘 어울리는 식물이 무엇인지 물어오는 경우가 많다. 일반적으로 비바리움 장식에 흔히 사용되는 포토스(pothos, 관엽식물의 일종)나 가시나무(chinese evergreen)와 같은 식물은 쉽게 으스러지고 비어디드에게 상처를 입히기 쉬우며, 금세 지저분해지고 쉽게 말라죽는다.

사실 사육장 내에서 비어디드 드래곤의 활발한 움직임에도 견딜 수 있을 정도로 튼튼한 식물은 단 몇 종밖에 되지 않는다. 필자의 생각에 가장 좋은 식물은 놀리나(포니테일팜, ponytail palm, *Beaucamea-Nolina-recurvata*)와 산세비에리아(스네이크 플랜트, snake plant, *Sansevieria* spp.)인데, 특히 두껍고 원통형의 거친 잎을 가진 식물이 건조한 환경에 더 적합하다.

돌무더기를 쌓아 일광욕 장소와 은신처를 제공한 모습

야외사육장 내에 비치된 크라슐라에 올라 쉬고 있는 모습

드라세나를 심은 목도리도마뱀과 이스턴 비어디드 온실사육장

덩치가 작은 개체의 사육장에는 크라술라(제이드 플랜트, jade plant, *Crassula argentea*, 염좌 또는 비취나무)가 잘 어울리는데, 무거운 체중을 지탱할 수 있을 정도로 두껍고 튼튼하게 자라지는 않기 때문에 큰 개체의 사육장에는 적합하지 않다. 선인장의 경우 가시가 없는 부채선인장(opuntia, *Consolea falcata*)을 추천한다. 조명이 강하고 사육장의 높이가 충분히 높다면 드라세나(dracaena, 홍죽 또는 천년초)의 일부 종이 잘 어울린다. 필자의 경우 큰 크라술라와 포르툴라카리아 아프라(elephant bush, *Portulacaria afra*, 아악무-우리나라에서는 은행목으로도 유통), 유카(yucca, 실난초), 드라세나를 이용해 실외방사장을 세팅한 적이 있는데, 비어디드가 휴식을 취할 때 가장 선호한 식물은 크라술라였다.

살아 있는 식물을 이용해 사육장을 세팅하고 싶은 경우 반드시 그만큼의 공간이 필요하다는 것을 명심해야 한다. 성체급 비어디드 드래곤의 사육장에 식물을 심으려면 최소한 사육장의 길이가 180cm 정도는 돼야 한다. 실내사육장에 식물을 심을 경우 바닥재에 직접 심는 것보다는 별도의 화분에 심어서 배치하는 것이 좋은데, 이렇게 하면 식물에 물을 줄 때 사육장 전체가 젖는 것을 방지하고, 바닥재 주위에 물이 스며드는 것을 방지해 수분의 손실을 막아주기 때문이다. 또한, 필요에 따라 식물을 교체하거나 제거할 때도 훨씬 편리하다. 디자인적인 측면에서 볼 때 키가 큰 식물은 사육장 뒤쪽에 배치하고, 좀 더 작은 식물은 중간에 배치하는 것이 전체적으로 균형이 잘 맞아 보기 좋다. 일반적으로 돌멩이나 나무 같은 조경물을 배경으로 식물을 심으면 좀 더 매력적이고 자연스러운 효과를 연출할 수 있다.

일단 사육장 내에 식물을 심었으면 비어디드 드래곤을 면밀히 관찰해야 한다. 자신의 영역에서 낯선 것을 발견하게 되면 처음에는 탐색하려는 경향이 있기 때문에

기어오른다든지(가지가 부러지거나 넘어질 수 있음), 식재된 식물을 먹으려는(상하거나 죽을 수 있음) 시도를 하게 된다. 비어디드의 행동을 잘 관찰하면 어떤 식물을 선택하고 어디에 심어야 할지에 대한 기준을 마련할 수 있을 것이다.

사육장의 유지관리

사육 중인 개체의 행동, 컨디션, 건강상태를 매일 점검하고 사육장의 설비가 제대로 작동하고 있는지를 모니터링하는 것은 매우 중요하다. 비어디드 드래곤은 먹이 섭취량이 많고, 따라서 배설량도 많은 대단히 활동적인 도마뱀이다. 즉 그만큼 지저분해지기 쉽기 때문에 사육장의 정기적인 유지관리는 필수적이다.

배설물을 제거할 때는 핀셋이나 고양이용 모래삽 등을 이용하면 된다. 또한, 물그릇의 물은 적어도 이틀에 한 번은 깨끗한 것으로 교체해줘야 한다. 그러나 비어디드가 활동하면서 소일이나 모래 등으로 물이 더러워졌을 경우에는 수시로 신선한 물로 갈아주는 것이 좋다. 물그릇은 세균덩어리나 배설물 찌꺼기가 쌓이지 않도록 정기적으로 깨끗이 세척하고, 소독(10%로 희석한 살균표백제 사용)해야 한다. 먹이그릇이나 물그릇 등의 용품 외에 사육장 내에 비치된 구조물이 더러워졌을 경우에도 꺼내서 소독해야 한다. 구조물을 소독할 때도 용품과 마찬가지로 10%로 희석된 표백살균제에 서너 시간 동안 담가놓은 다음, 표백살균제의 잔여물이 남지 않도록 깨끗한 물로 헹궈주면 된다.

밀집된 환경에서 사육되는 것이 아니라면 바닥재는 한 달에 한 번 정도 완전히 교체해주는 것이 좋다. 만약 종이를 바닥재로 사용하고 있다면 2~3일에 한 번 교체해주는 것이 좋고, 필요한 경우 매일 교체해줘야 한다.

비어디드를 기를 때는 반드시 은신처를 마련해줘야 한다.

CHAPTER 04

비어디드 드래곤과 온도·조명의 중요성

비어디드 드래곤을 기르는 데 있어 온도와 조명이 끼치는 영향에 대해 살펴보고, 비어디드에 적절한 온도와 조명조건에 대해 알아본다.

온도의 중요성과 열원

비어디드 드래곤을 건강하게 사육하기 위해서는 적절한 온도와 조명이 제공되는 환경을 조성해주는 것이 필수적이다. 비어디드 드래곤의 활동과 신진대사과정은 조명과 온도변화에 좌우되며, 이 두 가지가 제대로 갖춰지지 않는다면 생존할 수 없으므로 관리에 소홀함이 없도록 특별히 신경 써야 한다.

열의 이해
파충류를 성공적으로 사육하기 위한 가장 핵심적인 주제는 열의 역할을 이해하는 것이다. 파충류는 변온동물이며, 이는 체온을 최상으로 만들고 유지하는 것이 환경적인 외부온도에 의해 결정된다는 의미다. 그렇다고 해서 파충류가 외부온도에 완전히 순응하는 것은 아니며, 온도편차가 있는 지역을 옮겨 다니는 등 여러 가지 다양한 행동을 통해 능동적으로 체온을 조절한다.

자연상태의 비어디드는 사막의 추운 밤 시간이 지나고 오전이 되면 햇볕을 쬐기 위해 은신처에서 기어 나오는데, 이때 몸을 납작하게 하고, 열 흡수율을 높이기 위

해 체색을 전체적으로 평소보다 더 어두운 색깔로 변화시킨다. 이렇게 함으로써 효과적으로 체온을 높여 밤새 둔해진 감각을 평상시와 같이 신속하게 되돌리고, 행동도 민첩해지게 된다. 체온이 활동하기에 적합한 최적의 온도대에 도달하면 먹이를 사냥하고, 다른 도마뱀을 대상으로 과시행동을 하며, 잠재적인 포식동물에 대해 경계하는 행동을 보인다. 한낮에는 햇빛에 의해 공기가 뜨거워지고 체표의 온도가 더 높이 올라가기 때문에 비어디드의 몸이 과열되기 시작하는데, 체온이 떨어질 때까지 햇빛을 피해 그늘이나 은신처에서 휴식을 취한다.

파충류의 흥미로운 특징 중 하나는 체온이 올라가는 속도는 빠르지만, 올라간 체온이 내려가는 속도는 상대적으로 늦다는 것이다. 1963년에 바르톨로뮤(Bartholomew)와 터커(Tucker)가 이스턴 비어디드 드래곤을 대상으로 진행한 연구결과를 통해 이러한 사실을 보여준 바 있다. 이 실험에서 체온이 20℃인 비어디드를 39.5℃의 공간에 넣어뒀을 때 38℃까지 체온이 상승하는 데 38분이 걸린 반면, 39.5℃인 체온을 20℃까지 내리는 데는 50분이 넘는 시간이 소요됐다고 한다. 이로 미뤄보면 한번 체온이 상승한 파충류는 오랜 시간 동안 열을 저장하고 체온을 유지할 수 있다는 사실을 알 수 있다.

파충류에 있어서 최적의 온도는 효율적인 신진대사와 활발한 면역체계활동을 가능하게 해준다. 만약 파충류의 체온이 너무 낮게 유지된다면 신진대사과정은 느린 속도로 진행될 것이고 면역력도 떨어지게 될 것이다. 체온이 낮으면 소화율이 떨어져 위장 내에서 소화되지 못한 먹이가 부패돼 복부팽창과 같은 위장장애를 초래

많은 사육자들이 비어디드 드래곤 사육장의 보조열원으로 히팅락을 주로 사용한다.

사육장을 야외에 설치한 경우, 한낮에는 온도가 37℃까지 오를 수 있기 때문에 반드시 그늘을 만들어줘야 한다.

> ### 너무 작은 사육장에서 기르는 경우의 폐사
>
> **스팟 램프와 히팅락을 설치한 38ℓ짜리 사육장에서 기르는 경우**
> 가장 흔하게 볼 수 있는 사육환경이다. 어린 비어디드 드래곤을 너무 작은 사육장에서 기르는 경우 폐사의 위험이 따른다. 개체의 체구가 작을 때는 온도가 높아지면 열원으로부터 멀리 떨어져 이동할 수 있지만, 사육장이 너무 작으면 체구가 커질수록 열원으로부터 벗어나기가 힘들게 된다. 성장할 때 단순히 몸길이만 길어지는 것이 아니라 높이(체고)와 몸집도 같이 커지기 때문에 새끼 때보다 열원에 더 많이 노출된다. 비어디드가 데워진 몸을 식히기 위해 처음으로 하는 행동은 헐떡거리는 것이다. 그러고 나면 무엇보다 생존이 주된 관심사이기 때문에 먹는 것을 중단하게 되고, 결국 과열돼 폐사하게 된다. 비어디드는 성장속도가 빠르기 때문에 3~4주 된 비어디드를 38ℓ짜리(길이 약 40cm 정도) 사육장에서 기르는 것은 적합하지 않다.
>
> **100와트의 조명을 갖춘 38ℓ짜리 사육장에서 기르는 경우**
> 이 경우 또한 어린 비어디드 드래곤을 사육하는 데 있어서 흔하게 볼 수 있는 사육환경이다. 38ℓ짜리 사육장에 100와트짜리 조명을 설치하면 비어디드가 활동하는 공간 전체를 38°C가 넘는 온도로 상승시키게 된다. 처음에는 체구가 작기 때문에 열원을 쉽게 벗어날 수 있지만, 역시 덩치가 커질수록 뜨거운 지역에 갇히게 되고 과열된다. 작은 사육장에는 60~75와트의 조명이 적합하며, 어린 비어디드 사육에 38ℓ짜리 사육장은 적절하지 않다.
> 앞서 언급했듯이 비어디드 드래곤은 과도한 온도대의 지역으로부터 벗어나기 위해 충분한 넓이의 시원한 공간을 필요로 하는데, 비어디드가 체온을 조절할 수 있도록 35°C 정도의 일광욕 지역을 제공해줘야 한다. 또한, 이보다 더 온도가 낮고 서늘한 공간을 제공해 비어디드 드래곤이 적절한 체온을 유지할 수 있게 해줘야 하며, 비어디드로 하여금 어떤 것에 더 편안함을 느끼는지 스스로 선택할 수 있게 해줘야 한다. 사육온도의 부적절한 변화는 비어디드 드래곤과 다른 파충류의 질병을 유발하는 가장 흔한 이유 가운데 하나다.

하게 되며, 위장 내 박테리아와 미생물의 균형을 무너뜨릴 수도 있다. 또한, 체온이 적절하지 않으면 신장에서 요산 및 다른 화학생성물을 분해시키는 속도가 현저히 떨어져 신장질환의 위험이 증가한다. 파충류의 성장은 식욕, 소화율, 효과적인 신진대사에 의해 좌우되는데, 이러한 요소들은 결정적으로 온도의 영향을 받는다.

열원의 종류

일반적으로 사용되는 열원은 백열등 또는 와트 수와 출력을 효과적으로 조절할 수 있는 반사경 형태의 스팟 램프(spot lamp, 스포트라이트용의 집광전구)다. 세라믹 소켓이나 전원조절스위치가 없는 것은 비어디드 드래곤 사육에는 적합하지 않으며, 코드나 플러그에 스위치가 부착돼 있는 장치를 사용하는 것이 좋다.

머리의 중앙에 높게 솟아오른 용골은 체표면적을 증가시켜 체온을 조절하는 데 도움을 준다.

사육장 내의 비어디드가 직접적으로 열원에 닿지 않도록 사육장 상부를 덮는 철망 윗부분에 열원을 설치하고, 그 아랫부분에는 일광욕 지역을 조성한다. 일광욕 지역에는 납작한 돌이나 유목을 설치해주면 된다. 일광욕 지역의 온도는 32~38℃로 유지돼야 하며, 적절한 온도를 제공하기 위해 사용되는 전구의 와트 수를 조절해 주도록 한다. 더 높은 와트 수의 전구를 사용하거나, 조절스위치가 부착된 조광장치를 이용해 출력을 조절할 수도 있다. 열원 아래 넓적한 돌을 비치하거나, 열을 흡수할 수 있는 사육비품들을 추가로 설치하면 일광욕 지역의 온도를 상승시키는 데 상당히 효과적이다.

비어디드 사육 시 보조열원으로는 히팅락(heating rock)이 가장 적합하며, 전문브리더들도 상부열원과 히팅락을 함께 사용하는 것을 추천하고 있다. 히팅락은 의도적으로 낮은 와트 수의 상부열원과 결합해 사용하는 것이 아닌 이상, 지나친 과열을 방지하기 위해서는 상부열원과 너무 가깝게 설치하면 안 된다.

열원의 설치와 화재의 위험

열원은 높은 열을 발생시키기 때문에 커튼 같은 가연성 물질에 너무 가까이 설치하면 화재의 위험이 따른다. 따라서 커튼이나 기타 가연성 소재로부터 떨어진, 사육장 상부를 덮는 철망 위에 안전하게 설치해야 한다. 만약 집안에 어린아이, 고양이 또는 풀어놓고 기르는 애완동물이 있어서 열원을 넘어뜨리거나 전기선을 밟을 위험이 있다면 비어디드 사육장이 설치된 장소에 접근하지 못하도록 하는 것이 안전하다.

조명을 깔개나 가구 위에 올려두는 것 또한, 화재의 위험이 따르는데, 특히 전구를 타이머에 연결해 사용할 때 더욱 위험하다. 조명 소켓을 움직일 때 전원이 꺼져 있었다고 하더라도 시간이 지나면 타이머에 의해 자동으로 켜지기 때문에 조명 아래에 가연성 물질이 있다면 얼마든지 화재가 발생할 수 있다. 따라서 파충류를 사육하기 위해 열원이나 다른 가온시설을 설치한 장소에서 화재가 발생하지 않도록 철저하게 관리하는 것이 매우 중요하다.

Section 02

조명의 중요성과 광원

비어디드 드래곤은 온도와 함께 적절한 조명이 제공돼야 건강하게 살 수 있다. 설치된 조명의 와트 수가 낮으면 활동성이 떨어지고 생동감도 떨어진다. 아마 사육장에 세라믹 적외선 히터를 주 열원으로 설치한 펫 샵에서 이와 같은 모습을 본 적이 있을 것이다. 사람의 경우 조명이 어두운 장소에서는 심리적인 영향을 많이 받게 되는데, 비어디드 드래곤처럼 햇빛을 좋아하는 동물은 두말할 것도 없다.

조명의 역할과 종류
사육장 상부에 단단하게 고정된 소켓을 설치하고 열 광원인 스팟 램프와 더불어 풀스펙트럼 램프(full spectrum lamp)나 파충류용 UVB램프를 설치해야 한다. 파충류용으로 사용되는 조명은 파충류의 체내에서 비타민과 미네랄을 합성하는 데 도움을 주는 UVB를 방출한다고 알려져 있다. 비어디드 드래곤처럼 일광욕을 즐기는 도마뱀이 태양광의 UVB에 노출됐을 때 비타민 D_3를 합성하는데, 비타민 D_3는 칼슘을 효과적으로 흡수하기 위해 필요한 영양소다.

콘크리트 블록을 비치한 나무사육장. 콘크리트 블록을 설치해주면 일광욕 장소와 은신처의 역할을 하며, 발톱 다듬기에도 유용하다.

따라서 먹이부족 또는 영양의 불균형으로 비타민 D_3가 결핍되거나, UVB에 대한 노출이 부족하면 결과적으로 체내의 칼슘이 부족해질 수 있다. 급격한 성장에 맞춰 뼈를 만들기 위해서는 많은 양의 칼슘이 필요하기 때문에 이런 증상은 어린 비어디드에게 더욱 뚜렷하게 나타난다. 칼슘부족을 막기 위해서는 태양이나 특별히 제작된 파충류용 UVB램프를 통해 자외선을 쬐게 하고, 먹이급여 시에 적절한 양의 칼슘과 비타민 D_3를 제공하는 것이 필요하다.

필자가 관찰한 바에 따르면 비어디드 드래곤은 태양광이나 풀스펙트럼 램프 혹은 파충류용 UVB램프가 제공됐을 때 먹이섭취량과 활동성, 성장률 등이 더욱 증가했다. 사육장 상단 15cm 높이에 스팟 램프와 풀스펙트럼 램프를 설치한 사육환경에서 해츨링 단계부터 35cm 길이가 될 때까지 14주 동안 어린 비어디드 드래곤에게 먹이를 충분히 먹이는 실험을 했는데, 이 실험에서 비어디드 드래곤의 성장률은 열원으로부터 발생하는 열, UVB램프로부터 발생하는 UVB, 영양가 높은 먹이, 이렇게 3가지 중 하나의 조건 하에서만 기른 다른 대조군들과 비교했을 때 훨씬 더 높았다.

요즘은 파충류 샵에서 수은등 형태의 UVB램프를 구입할 수 있는데 뛰어난 수준의 UVB와 약간의 열을 제공한다. UVB의 제공원으로서는 아주 효과적이지만, 많은 비어디드가 지나친 자외선공급원에 노출되는 것을 꺼려하기 때문에 이것을 유일한 열원으로 사용해서는 안 된다. 즉 큰 사육장의 한쪽 끝에 일반적인 스팟 램프를 설치해주는 것이 더 효과적이다. 물론 UVB램프를 사용하는 대신 따뜻한 계절 동안에는 정기적으로 태양광에 노출시키는 것이 경제적일 수 있다.

태양광에 노출 시 주의사항

비어디드에게 UVB를 제공하는 가장 쉬운 방법은 태양광에 노출시키는 것이다. 햇빛에 노출시킬 때는 과열의 위험을 줄일 수 있도록 사육장에 가림막을 설치하는 것이 안전하다. 흔히 불투명하거나 하얗고, 가림막이 있는 대형 플라스틱 상자에 비어디드 드래곤을 넣어 일광욕을 시키는 방법이 사용된다. 옆면이 유리로 된 사육장이나, 바닥재가 깔리지 않은 플라스틱 사육통은 과열의 위험이 있고, 가끔 비어디드가 태양에 직접적으로 노출됐을 때 치명적일 수 있다. 바닥재로는 모래를 사용하고, 그늘을 제공하기 위해 윗부분을 두꺼운 골판지 같은 것으로 막는 것이 좋으며, 가림막이 있는 사육장이라도 비어디드 드래곤이 필요시 언제라도 태양으로부터 벗어날 수 있도록 그늘이 있는 장소를 항상 제공해야 한다. 일광욕을 위한 사육장의 설치 위치 역시 아주 중요한데, 풀이나 흙이 있는 장소는 일광욕 사육장을 설치하기에 비교적 안전한 장소이다. 콘크리트나 아스팔트 표면은 태양열에 쉽게 과열되기 때문에 비어디드가 폐사될 수 있으므로 주의해야 한다.

비어디드 드래곤과 조명

어두운 조명과 식욕

한쪽 끝에 75와트짜리 환한 조명이 설치된 122cm 크기의 사육장에서 여러 마리의 어린 비어디드 드래곤을 기르는 사례를 살펴보자. 비어디드들이 아무것도 먹으려고 하지 않고 항상 잠만 자는 모습을 볼 수 있다. 이는 설비가 올바르게 갖춰지지 않은 사육환경에서 길러지고 있는 비어디드에게 흔히 나타나는 문제다. 또한, 펫 샵에서 항상 볼 수 있는 문제이기도 하다. 비어디드 드래곤은 주행성 동물이기 때문에 높은 수준의 조명조건에서 정신적인 안정을 얻게 된다. 큰 사육장의 한 지점만 밝다는 것은 반대로 사육장의 다른 대부분의 지역이 너무 어둡다는 의미이기도 하며, 어두운 조명은 식욕을 잃게 만드는 결과를 가져온다.

식욕을 되찾게 해주기 위해서는 이러한 환경을 사육장의 전체를 밝힐 수 있는 풀스펙트럼 램프와 UVB램프 그리고 파충류용 열등을 하루 14시간 정도 사용하는 환경으로 바꿔줘야 한다. 만약 몇 주가 지났는데도 비어디드가 호전되는 모습을 보이지 않고 식욕에 있어 뚜렷한 변화가 보이지 않는다면 그때는 수의사에게 데려가 봐야 한다. 이때 비어디드를 다룬 경험이 별로 없는 수의사는 가끔 상태를 호전시키기보다 더 악화시킬 수도 있으므로 주의하도록 한다.

UV조명

파충류용 UVB램프와 같은 특수한 UV조명을 사용하지 않고 비어디드 드래곤을 사육하는 것은 불가능할까? 필자는 칼슘과 비타민 D_3가 함유된 비타민·미네랄 영양제를 정기적으로 공급하면서 UVB에 노출시키지 않고 3종의 비어디드를 성체가 될 때까지 길러봤다. 하지만 UV조명을 사용하지 않고 도마뱀을 기르는 것은 도박과 같다고 느꼈다. 현재 많이 사용되는, 분말 비타민·미네랄을 먹이에 뿌려서 공급하는 더스팅 방법은 배합비율 및 적정급여량과 장기적인 효과의 상관관계에 대해 정확하게 알 수 없다. 어린 비어디드 드래곤에게 가장 흔히 발생하는 건강상의 문제는 칼슘이 부족할 때 나타나는 증상인 뒷다리 경련이다. UVB원에 직접적으로 노출하는 것과 칼슘을 흡수하기 위해 필요한 수준의 비타민 D_3를 제공하는 것이 가장 신뢰할 수 있는 방법이다.

자연광에 가까운 균형 잡힌 조명을 제공해주는 것이 비어디드 드래곤이 심리적 안정을 얻게 되는 것 외에 또 어떤 효과가 있는지는 잘 알지 못한다. 만약 여러분이 햇살이 충분히 내리쬐는 지역에 살고 있다면 일 년 중에 따뜻한 계절 동안 비어디드를 태양광에 노출시키는 것이 쉬운 방법이며, 훨씬 경제적일 것이다. 일주일에 2~4시간씩 햇빛에 놔두는 것으로 충분하다.

Section 03

발색과 휴면

적절한 조명과 온도는 비어디드 드래곤 본래의 체색을 발현시키는 데도 도움이 된다. 특정 혈통의 비어디드 드래곤에게서 나타나는 밝은 다홍색과 노란색은 실내에서 사육하는 경우 원래의 색깔이 완전하게 발현되지 못한다.

조명 및 온도와 발색

조명조건(열 포함)과 관련된 하나 이상의 요인은 하이퍼잰식 반응(hyperxanthic response, 노란색과 주황색 피부색소의 증가)을 촉발하는 데 필수적이다. 이것은 인간의 피부가 태양으로부터 받은 자외선에 의해 하이퍼멜라닉스틱 반응(hyper-melanistic response, 어두운 멜라닌색소의 증가)을 보이는 것과 비교된다.

필자는 실내사육이라는 조건 하에서 UV를 발생시키는 파충류용 전구(형광등과 수은등 모두)를 사용해봤지만 샌드화이어 드래곤(Sandfire Dragon)이 완벽하게 본래의 색을 띠게 하는 것은 불가능했다. 하지만 수은등 형태의 UVB램프(형광등

스팟 램프와 출력이 높은 파충류용 UVB램프가 설치된 최적의 사육환경에서 샌드화이어 드래곤을 사육하면 매우 뛰어난 발색을 보이는 것을 확인할 수 있다.

형태의 파충류용 UVB램프보다 UV 출력이 높은)와 일광욕 지역의 온도가 32~37℃로 유지되는 스팟 램프가 설치된 환경에서 자란 비어디드가, 적절한 온도와 UVB 그리고 강한 조명 등의 조건이 제공되지 않는 환경에서 자란 비어디드보다 훨씬 더 밝게 발색되는 것을 발견했다. 사육장의 천장이 대부분의 자외선을 걸러내는 플라스틱으로 된 온실사육장에서 기르는 비어디드 드래곤도 개방된 공간에서 사육하는 개체만큼 밝은 색이 발현됐는데, 이런 것을 보면 UVB가 비어디드 드래곤의 발색에 반드시 필요한 결정적 요인은 아닐 수도 있다.

발색이 외부조건에 영향을 받는다는 사실은 다음의 예를 보면 더욱 확실하게 알 수 있다. 필자가 분양했던 샌드화이어 드래곤 한 그룹이 8개월이 지난 후 다시 필자의 손에 돌아온 적이 있다. 새로운 사육자는 분양받은 비어디드의 발색이 해당 종의 기준치에도 못 미친다고 생각했다. 필자는 이 그룹과 동일한 클러치의 개체 절반을 계속 기르고 있었기 때문에 사육조건의 효과를 비교해볼 수 있었다. 실내에서 기른 구매자의 비어디드는 주황빛이 드문드문 있는 흐릿한 발색을 보였지만, 온실사육장에서 자란 필자의 비어디드는 더 밝은 다홍빛 발색을 보였다. 이 흐릿한 색을 띤 비어디드를 필자의 플라스틱 지붕 온실사육장에서 길렀는데, 이 비어디드들은 지속적으로 더 밝아졌으며, 3개월이 지난 후에는 샌드화이어 드래곤의 완벽한 천연색이 발현됐다.

겨울철 휴면기의 조명과 온도

1년 정도 지나 비어디드가 성숙해지면 휴면상태(brumation, 파충류 및 곰과 같은 동물 종에서 나타나는 기면현상으로서 동면-hibernation-과 유사하지만 같지는 않음)에 접어들게 된다. 이때는 상대적으로 활동성이 떨어지고, 은신처에 숨어 지내거나 바닥에 누워만 있고, 먹이섭취량이 줄어드는 현상이 관찰된다. 만약 실내에서 사육되는 비어디드라면 여름에 부화한 새끼들은 약 18개월이 될 때까지 겨울철 휴면현상은 일어나지 않을 것이다.

휴면기 동안에는 사육장의 온도를 15~21℃ 정도로 시원하게 유지해줘야 한다. 일광욕을 위한 스팟 램프는 와트 수를 더 낮춰줘야 하며(일광욕 지역의 온도도 24~27℃로 내려야 한다), 하루에 8~10시간 동안 이와 같은 온도를 유지해야 한다. 많은 사육자들이 이 기간 동안 비어디드에게 나타나는 행동의 급격한 변화에 놀라고 '혹 질병에 걸린 건 아닐까' 라고 걱정하기도 하는데, 비어디드에게 휴면은 지극히 일상적인 현상이므로 염려할 필요는 없다.

휴면은 몇 주 동안, 길게는 몇 달까지도 지속된다. 만약 비어디드 드래곤이 건강하다면 이 기간 동안 체중은 조금 줄어들거나 아예 줄지 않을 것이다. 퀭한 눈, 입을 크게 벌리거나 경련 등과 같은 질병의 증상은 나타나지 않고 계속 건강한 상태를 유지할 것이다. 비어디드가 휴면에 들어가는 데는 2가지 방법이 있다. 첫째는 사

겨울 휴면과 질병의 유사증상

휴면에 들어간 비어디드는 숨어 지내는 시간이 더 길어지게 되면서 음식 먹는 것을 거부한다. 많은 사육자들이 이러한 증상을 보고 비어디드가 아프다고 판단하며, 실제로 사육자들이 비어디드 드래곤을 수의사에게 데려가는 첫 번째 이유는 일반적으로 휴면 시 나타나는 증상 때문이다. 휴면은 한 살 이상 된 비어디드 드래곤이 자연적으로 휴식을 취하는 현상이며, 질병이 있을 때와 비슷한 징후가 나타난다. 비어디드는 이 기간 동안 먹이를 먹지 않고 활동성이 떨어지며, 대부분의 시간을 은신처에 숨어 있게 된다. 만약 경험이 없는 수의사에게 데려갔을 경우 불필요한 비용이 드는 진단을 내리는 경우도 많고, 가끔은 해로운 과정을 추천하기도 한다.

이 시기에 비어디드 드래곤의 건강을 가늠하기 위해서는 다음과 같은 점을 고려해야 한다. 이러한 휴면현상이 겨울에 일어났고, 비어디드의 몸무게가 많이 줄지 않았으며, 몸의 둥근 윤곽을 유지하고, 비어디드를 집어 들었을 때 비교적 눈빛이 초롱초롱하고 크게 떠진다면 정상이다. 일 년 중 이맘때 비어디드 드래곤이 늘 겪는 자연스러운 현상을 보여주는 것이다. 이 기간 동안에는 19~21℃의 낮은 온도를 유지하는 것이 가장 중요하다. 휴면기간에 급격한 체중감소, 움푹 들어간 눈, 입을 크게 벌리거나 거친 호흡, 눈을 완전하게 다 뜨지 않고, 잡았을 때 기운이 없는 넝마 인형처럼 느껴지는 등 확실한 질병의 징후가 나타날 경우에만 수의사에게 데려가야 한다.

육주가 인위적으로 야생에서와 비슷하게 온도를 낮추고, 낮의 길이를 더 짧게 제공함으로써 휴면 사이클을 만들어줄 수 있다(이른바 쿨링). 이때 먹이공급량을 서서히 줄이다가 쿨링에 들어가기 1주일 전에는 아예 먹이를 급여하지 말아야 한다. 둘째는 비어디드를 관찰하다가 먹이섭취량과 활동이 줄어드는 증상이 나타나면 사육주가 인위적으로 휴면조건을 만들어줄 수 있다.

봄이 되면서 온도의 상승과 조명강도의 증가에 따라 비어디드의 행동에 변화가 일어나면 휴면이 끝난 것인데, 일광욕을 시작하고 먹이를 다시 먹기 시작하면서 비어디드는 본래의 상태로 돌아간다. 겨울 휴면에 대해 잘 알지 못하는 경험 없는 수의사들은 이 기간 동안 포스 피딩(force-feeding, 강제로 음식을 먹이는 것)을 추천할 것이다. 그러나 이 기간 동안 비어디드에게 강제로 먹이를 급여하는 것은 위험하므로 절대 삼가도록 한다.

비어디드에게 겨울철 휴면은 지극히 일상적인 현상이므로 걱정하지 않아도 된다.

CHAPTER 05

비어디드 드래곤의 먹이급여와 영양관리

비어디드 드래곤의 먹이종류와 급여방법 및 영양보충제에 대해 살펴보고, 각 성장단계별 먹이급여 방법과 먹이와 관련된 건강문제에 대해 알아본다.

먹이의 종류와 영양원

비어디드 드래곤은 일생 동안 매우 다양한 종류의 동물성 및 식물성 먹이를 소모한다. 호주에서 야생 비어디드 드래곤의 위장 내용물을 연구한 결과를 보면, 어릴 때는 약 50:50의 비율로 살아 있는 동물성 먹이와 식물성 먹이를 섭취하며, 성체가 되면 주로 식물성 먹이를 섭취하는 것으로 나타났다(65~90%). 사육 하의 비어디드도 자연상태에서와 비슷한 먹이선호도를 보이므로 먹이를 제공할 때는 어린 개체에게는 될 수 있으면 살아 움직이는 동물성 먹이를 주고, 준성체 이후부터는 식물성 먹이를 더 많이 제공하도록 급여계획을 세우는 것이 좋다.

간혹 이와 반대되는 주장을 하는 사육자도 있지만, 필자의 경험으로 미뤄보아 아주 어린 개체에게는 살아 있는 동물성 먹이를 반드시 급여해야 한다. 동물성 먹이를 섭취하지 않으면 발육 및 성장이 저하되고, 영양실조의 발병률이 높으며, 심지어 굶어죽을 수도 있다. 게다가 한 사육장에 어린 비어디드를 여러 마리 기르는 경우, 배가 고픈 상태에서 동물성 먹이의 양이 충분하지 않으면 사육장 내 동료의 꼬리 끝과 발가락을 뜯어먹기도 한다.

손으로 먹이를 직접 급여하는 핸드 피딩은 비어디드와 사육자 사이의 유대감을 높여준다.

만약 비어디드 드래곤을 기르고 싶지만 살아 있는 동물을 먹이로 급여하는 것이 꺼려진다면, 나이가 많은 개체를 구해 기를 것을 추천한다. 나이가 많은 개체는 생먹이를 먹지 않고도 건강을 유지할 수 있기 때문에 크게 문제가 되지는 않는데, 필자의 경우 가끔씩은 살아 있는 먹이를 급여하는 것을 선호한다. 왕성하고 거침없는 비어디드 드래곤의 식성은 사육주에게 비어디드와 더 가까워질 수 있는 기회를 제공해주고, 사육주와 비어디드 모두에게 많은 즐거움을 준다. 먹이를 급여하는 일은 비어디드의 관심을 유도하거나 보상용으로 활용할 수도 있는데, 대부분의 비어디드는 사육주의 손에 먹을 것이 있을 때 스스럼없이 사육주에게 다가가기 때문에 둘 사이의 유대감을 높여준다.

비어디드 드래곤은 음식의 종류와 식단의 변화에 거의 영향을 받지 않는다. 비어디드 드래곤에 맞도록 건강하게 잘 짜인 식단은 유연성이 있어서 주요 먹이 이외의 보조식을 급여해도 영양적으로 균형이 깨지지는 않는다. 이 장에서는 올바른 식단에 관한 가이드라인을 제시하고 적절한 보조식에 대해 다루도록 하겠다.

곤충

비어디드 드래곤은 주로 귀뚜라미, 밀웜, 자이언트 밀웜, 슈퍼웜, 왁스웜 등 상업적으로 사육된 동물성 생먹이를 먹는다. 동물성 생먹이는 펫 샵이나 파충류용품 인터

넷 쇼핑몰에서 쉽게 구할 수 있다. 비어디드 드래곤은 집파리와 같이 비어디드가 기피하는 날벌레들을 급여하면서 사육하기는 어렵다. 또한, 비어디드가 지렁이나 정원에서 볼 수 있는 다른 벌레들을 먹기는 하지만 그것이 주식이 될 수는 없다.

생쥐

크기가 큰 비어디드 드래곤은 자신보다 작은 개체를 주저 없이 잡아먹는데, 사실 동종포식을 즐기는 것 같이 보이기도 한다. 사육 하에서는 성체 비어디드에게 핑키(pinky, 털이 나지 않은 갓 태어난 새끼쥐)나 퍼지(puzzy, 막 털이 나기 시작한 생후 1주 전후의 새끼쥐)와 같은 새끼쥐를 급여한다. 생쥐는 큰 비어디드에게는 훌륭한 식단으로서 먹이용 곤충이나 식물성 먹이로는 공급할 수 없는 칼슘, 비타민 그리고 미량무기질과 같은 다양한 영양소를 제공해준다. 따라서 생쥐를 먹이로 급여할 때는 별도의 영양제는 그다지 필요하지 않다. 먹이동물을 바로 급여하지 않고 하루 이상 살아 있는 상태로 보관할 예정이라면, 비어디드와 마찬가지로 물과 균형 있는 사료를 급여해야 한다.

채소와 기타 식물

식물성 먹이로 급여할 수 있는 것들은 사람들이 이용하는 일반시장에서 어렵지 않게 구할 수 있는데, 녹색채소 및 여러 가지 다양한 채소류와 과일을 급여하면 된다. 과일은 먹기 좋은 크기로 잘라 급여하는데, 일반적으로 잘 다져서 주는 것이 비어디드가 먹기에는 가장 좋다. 또한, 농약과 제초제를 뿌리지 않은 밭과 잔디에서 자란 식물도 급여할 수 있다. 비어디드 드래곤은 클로버의 잎과 꽃, 민들레 그리고 겨자잎을 즐겨 먹는다. 급여 가능한 다른 먹이로는 여러 종류의 풀과 장미, 하비스쿠스(부용), 금잔화 등의 꽃잎이 있다.

펠렛 사료

시중에 판매되고 있는 비어디드 드래곤용 인공사료는 주로 건조된 펠렛 사료다. 이러한 제품들은 비어디드 드래곤이나 다른 애완동물들을 위해 특별히 제조된 것이다. 개와 고양이용 건조사료 또는 이구아나, 거북, 새와 같은 다른 동물용으로 제조된 건조사료를 급여해도 비어디드를 성공적으로 사육할 수 있다. 다만 비어디드 드래곤을 위한 사료이건 다른 동물들을 위한 사료이건 그 종류에 큰 상관은 없지만, 100% 건조사료만 급여해서는 안 된다는 것이 필자의 생각이다. 인공사료에 대한 좋은 점과 문제점은 이 장의 뒷부분에서 얘기하도록 하겠다.

영양제

현재 시판되고 있는 먹이용 곤충과 인공사료는 인 함량이 상당히 높기 때문에 분말 형태의 '비타민·미네랄 영양제'와 부족한 칼슘을 보충하기 위한 '칼슘제'를 급여해줄 필요가 있다. 예전과는 달리 파충류전용 샵이나 쇼핑몰에서 파충류용 영양제를 어렵지 않게 구입할 수 있는데, 제품의 종류가 매우 다양하므로 라벨에 표기된 첨가물을 신중하게 확인한 후 구입을 결정하는 것이 좋다. 순수하게 칼슘만으로 이뤄진 제품도 있고, 칼슘 성분을 기본으로 하고 비타민과 미량의 미네랄을 첨가한 제품도 있다. 영양제는 먹이용 곤충이나 급여하는 식물성 먹이에 가볍게 묻힐 정도의 소량만 사용하면 된다.

물

오염되지 않은 깨끗하고 신선한 물을 항상 공급해야 한다. 일반적으로 사람에게 안전하다고 생각되는 물은 비어디드에게도 안전하다. 급여한 물이 오염되는 원인은 대부분 비어디드의 배설물과 먹이찌꺼기이므로 매일 물그릇을 세척하고, 필요한 경우에는 하루에 한 번 이상 자주 깨끗한 물로 교체해주는 것이 좋다. 비어디드는 종종 물그릇에 들어가기도 하고 물을 먹기 위해 머리를 숙이기 때문에 물을 급여할 때는 비어디드가 엎드린 상태에서 몸높이의 절반을 넘지 않을 정도로 얕고, 몸 전체가 충분히 들어갈 수 있을 만큼 넓은 그릇에 담아줘야 한다. 또한, 비어디드가 네 발로 섰을 때 그릇에 담긴 물이 눈에 보여야 한다.

물그릇에 물을 담아주더라도 비어디드 드래곤(특히 어린 개체들)은 그것이 물이라는 것을 금방 알아차릴 만큼 시력이 좋지 못하다. 일반적으로 비어디드는 물 표면의 움직임이나 작은 물방울에서 반짝거리는 빛의 반사를 봤을 때 흥미를 느낀다. 움직이는 물에 흥미를 느끼기 때문에 물그릇에 물을 붓거나 물방울을 떨어뜨리는

먹이용 동물과 신선한 채소의 구성성분 가운데 60~85%가 수분으로, 이러한 먹이를 통해 수분을 섭취할 수 있다.

행동으로 비어디드가 물그릇으로 다가가 물을 먹도록 유도할 수 있다. 대체적으로 어린 비어디드는 찰랑거리지 않는 물은 쉽게 알아차리지 못하기 때문에 사육장의 벽면에 물을 뿌려주는 것이 적절한 방법이 될 수 있다. 격리된 사육장이라면 설치류에게 제공하는 급수기로 바닥에 물방울을 떨어뜨려서 핥아먹게 하는 것도 하나의 방법이 될 수 있다. 비어디드에게 물을 충분하게 급여할 수 있는 확실한 방법은 플라스틱 물병을 손에 들고 직접 급여하는 것이다. 물병을 천천히 짜내 물방울들이 비어디드의 콧잔등 끝에 떨어지도록 해서 물을 먹을 수 있도록 한다. 만일 위와 같은 방법으로 물을 공급할 수 없다면 사육장에 물병을 비치하지 않고 비어디드를 얕은 물그릇에 일주일에 두세 번 정도 담가주는 것도 대안이 될 수 있다.

물은 먹이를 통해 얻게 되기도 하는데, 먹이용 곤충들과 신선한 채소의 구성성분 가운데 약 60~85%가 수분이다. 그러나 펠렛 사료에는 10~12% 정도의 수분이 포함돼 있기 때문에 펠렛 사료만 먹는 비어디드의 경우 매일 충분한 물을 공급해야 한다. 수분부족은 탈수를 유발하고, 그 결과 전해질 이상으로 신체기관 전반에 심각한 악영향을 끼칠 수 있다.

Section 02

먹이 및 영양제의 급여

비어디드 드래곤에게 제공되는 모든 먹이는 영양이 풍부하고 신선해야 하며, 안전하게 보관해야 한다. 먹이용 곤충을 보관한 상자는 주기적으로 깨끗하게 청소해야 한다. 또한, 비어디드뿐만 아니라 귀뚜라미, 밀웜 등 먹이용 동물에게도 균형 잡힌 먹이를 급여해야 한다. 이전에는 먹이동물에게 강아지 사료, 설치류 사료, 조류용 사료, 신선한 과일, 푸른 채소와 손질한 과일을 급여했지만 지금은 먹이용 귀뚜라미를 위한 특수 영양사료를 조제해 급여하는 것이 가능하다.

먹이급여 시 주의사항

균형 잡힌 영양소가 먹이용 곤충들의 소화기 내에 존재해야만 그 곤충을 섭취한 비어디드도 충분한 영양소를 흡수할 수 있다. 특히 왁스웜은 글리세린, 꿀, 곡물 그리고 효모를 포함한 특별한 식단을 제공할 필요가 있다. 식물성 먹이의 경우 농약이나 제초제를 이용해 재배된 것은 급여하기 전에 깨끗이 씻어야 한다. 슈퍼마켓에서 파는 제품들은 특히 빵끈, 플라스틱 조각, 고무밴드와 같이 비어디드에게

위험한 물질이 들어 있을 수 있기 때문에 항상 세심하게 확인해야 한다. 이와 같은 물질은 생명을 위협할 만큼 심각한 소화계 문제를 일으킬 수 있다. 또 사과, 배 등 과일의 표면에 붙어 있는 접착성 상표딱지는 반드시 제거해야 한다. 오늘날에는 소비자들이 편리하게 이용할 수 있도록 채소들을 냉동해 유통시키기도 하는데, 이런 채소들은 비타민과 다른 영양소의 손실을 최소한으로 줄일 수 있도록 잘 보존돼 있다. 냉동식품은 비어디드에게 급여하기 전에 반드시 충분히 해동해야 한다. 인간이 소비하기 위해 생산된 과일이나 채소 가운데서도 껍질이나 꼭지처럼 버려지는 부분 혹은 먹지 않는 부분에는 다른 부분보다 농약이나 제초제가 더 많이 농축돼 있을 수 있다. 따라서 멜론이나 키위 등의 과일껍질처럼 인간이 먹을 수 없는 부분은 먹이로 급여하지 않도록 항상 조심해야 한다.

펠렛이나 건초제품은 빛, 공기 그리고 열에 노출되면 영양적 가치가 빠르게 떨어진다. 예를 들어 베타카로틴(beta-carotene)의 함유수준과 비타민 A의 전구체는 수확된 지 6개월이 지나면 50% 이하로 떨어진다. 그러나 상품으로 조제된 대부분의 펠렛 사료들과 건초제품들은 수확되고 나서 적어도 수개월간은 지나야 시중에 유통될 것이다. 따라서 제품의 유통기한을 확인하고 생산된 지 얼마 지나지 않은

칼슘부족의 환경적 요인

영양과 관련된 문제는 식단이 원인인 경우만큼이나 환경적인 요소가 원인으로 작용해 발생하는 경우도 많다. 필자에게 자문을 구해온 한 사육자의 사례를 살펴보자. UVB램프를 설치하고, 실내온도가 약 26.5℃ 정도 되는 조건에서 비어디드를 사육하고 있는데, 하루에 두 번씩 칼슘을 더스팅한 6mm 크기의 귀뚜라미와 비타민ㆍ미네랄 영양제를 먹였다고 한다. 그런데 최근 몇 마리가 경련을 일으키기 시작했고, 수의사가 진단한 바로는 칼슘부족이라고 나왔다고 한다. 그렇다면 이 경우 무엇이 잘못된 것일까?

몇 년 전, 필자도 위 사례와 마찬가지로 새끼 비어디드를 칼슘부족에 이르도록 한 적이 있는데, 원인은 식단이나 영양제와 관련된 것이 아니라 빛과 열의 문제였다. 비어디드는 밝은 빛에 반응하고, 사육장 내에서 더 따뜻한 장소에 반응한다. 새끼 비어디드가 빛이 없는 곳에서는 귀뚜라미를 최적섭취량보다 적게 먹었고, 칼슘부족의 징후가 발견됐다. 더욱이 그러한 징후는 항상 칼슘 때문에 일어나는 것은 아니다. 마그네슘과 당(글루코스)의 부족 또한 유사한 증상을 일으킬 수 있다. 영양적인 문제에 직면했을 경우에는 항상 사육장 관리상태를 확인해 보기 바란다.

구체적으로 위의 사례와 같은 문제가 있을 경우에는 실내온도를 21~24℃로 낮추고, 32℃ 정도의 일광욕을 할 수 있는 장소를 추가로 구성해 주도록 한다. 또 비어디드가 시원한 지역을 선택할 수 있도록 온도편차를 두는 것도 잊지 말도록 한다.

비어디드는 밝은 빛과 따뜻한 장소에 반응하며, 빛이 없는 곳에서는 먹이섭취량이 현저하게 줄어들게 된다.

제품을 선택하는 것이 좋다. 필자는 알팔파나 클로버를 기반으로 한 제품을 선택하되 가급적 초록색을 띠는 것을 고른다. 상당량의 비타민이 태양, 공기, 열에 노출되면 분해되며 다른 영양제들도 미량무기질과 접촉하면 산화된다. 영양제에도 유통기한이 정해져 있으므로 이를 확인해서 상품을 선택하고, 적어도 4개월마다 새로운 제품으로 대체할 것을 권장한다.

먹이급여 시간

비어디드 드래곤은 낮 시간에 활동하고 밤에 자는 주행성 종이다. 따라서 낮에 집을 비우고, 비어디드가 졸리기 시작하고 먹는 것에 흥미를 잃는 밤늦은 시간에 귀가하는 사육주라면 아침에 대부분의 먹이를 급여하고 싶기도 할 것이다. 하루 두 번의 먹이를 급여한다고 할 때 아침에 첫 번째 먹이를 급여한 후 두 번째 먹이는 모든 불이 꺼지기 전, 즉 비어디드가 잠들기 전 최소 1~2시간 내에는 급여해야 한다. 미처 먹지 못한 먹이동물이 밤에 돌아다니게 되면 비어디드에게 스트레스 요

먹고 남은 귀뚜라미는 돌아다니면서 비어디드에게 스트레스를 줄 수 있으므로 반드시 치워줘야 한다.

인이 될 수 있고, 심지어 비어디드를 물 수도 있으므로 치워주도록 한다. 실제로 사육장을 돌아다니던 배고픈 귀뚜라미가 새끼 비어디드에게 치명적인 상처를 낸 사례도 있다. 겨울 휴면기 동안 성체 비어디드는 활동성이 떨어지고 잘 먹지도 않는데, 이때 먹이를 억지로 먹이려 해서는 안 된다. 휴면기가 지나고 비어디드가 다시 활동을 시작했을 때 평상시와 같은 먹이급여 스케줄로 돌아가야 한다.

수분 및 먹이급여 횟수

어린 새끼 때는 보통 하루에 두세 번씩 먹이를 먹고, 이후 성체단계가 될 때까지 먹는 횟수가 하루에 한 번으로 서서히 줄어들게 된다. 점점 더 나이가 들면 하루 혹은 이틀에 한 번 꼴로 먹게 되므로 자신이 기르는 비어디드의 연령 단계에 맞춰 급여계획을 세우면 된다. 비어디드 드래곤을 성공적으로 사육하고 있는 사육주들을 보면 몇몇은 물을 일주일에 세 번씩 급여하는 것을 선호하고, 다른 사육주들은 24시간 내내 공급하기도 하는데, 자신이 처한 환경에 적합한 방법을 취해 급여하면 된다. 비어디드는 호주 내륙의 건조한 지역에서 진화과정을 거치며 메마른 환경과 제한된 급수조건에도 적응해왔고, 비어디드의 먹이인 곤충이나 채소와 같은 음식물은 모두 어느 정도 수분을 함유하고 있기 때문에 급수에 크게 부담을 가지지 않아도 된다. 특정 환경, 특히 야외에서 길러지는 비어디드의 경우는 물을 매일 제공할 필요가 없다. 그러나 실내, 특히 난방이 되는 사육장에서 기르거나 건식 펠렛 사료를 먹여 기르는 경우라면 매일 물을 먹을 수 있도록 해줘야 한다. 필자는 공급되는 먹이와 상관없이 실내에서 길러지는 모든 애완용 비어디드에게 얕은 물그릇에 깨끗한 물을 담아 매일 제공할 것을 권장한다.

먹이급여량

일반적으로 1회 급여 시 10분 동안 최대한 먹을 수 있는 만큼의 귀뚜라미를 제공한다. 성체의 경우 만약 먹이동물이 그릇에 담겨 있고, 자유롭게 돌아다니지 않아서 자신에게 스트레스를 주지만 않는다면 낮 동안은 먹이동물에게 지속적으로 접근해 잡아먹는다. 동물성 생먹이뿐만 아니라 채소나 시판되는 인공사료 또한 낮 동안 제공해도 되지만, 밤에는 쉽게 부패되므로 먹고 남은 것은 치워줘야 한다.

동물성 생먹이의 크기를 고려해볼 때 비어디드 드래곤은 너무 작은 먹이를 먹어 고통 받는 경우는 거의 없다. 하지만 많은 비어디드 드래곤, 특히 새끼 비어디드는 너무 큰 먹이를 먹어 죽는 경우도 있다. 일반적인 가이드라인을 살펴보면 귀뚜라미를 제공할 때 비어디드의 머리 폭보다 길어서는 안 된다고 알려져 있다. 이 가이드라인에 따르면 새끼 비어디드에게는 1주일에서 2주일 정도 된 귀뚜라미, 6mm 이하의 귀뚜라미를 급여해야 한다.

비어디드가 성장할수록 제공되는 먹이의 종류도 다양해지겠지만 먹이가 비어디드 머리의 폭보다 길어서는 안 된다는 규칙은 항상 지켜져야 하는데, 다량의 키틴질을 함유하고 있는 밀웜과 같은 먹이를 급여해주는 것이 쉬운 방법이라고 할 수 있다. 필자가 기르는 비어디드는 외골격이 단단한 풍뎅이 껍질의 맛을 좋아하기 때문에 초여름 성체 비어디드에게 간식으로 왕풍뎅이를 제공하기도 하는데, 풍뎅이는 어린 비어디드가 먹기에는 너무 크기 때문에 추천하지 않는다.

영양제의 필요성

비어디드 드래곤의 먹이 중 영양적으로 완벽하거나 균형 잡힌 것은 많지 않기 때문에 대부분의 식단에 영양제를 보충해줘야 한다. 귀뚜라미, 밀웜, 슈퍼웜, 왁스웜 등의 동물성 생먹이는 척추(골격)가 없고 비타민과 미량무기질이 결핍돼 있기 때문에 칼슘이 부족하다. 녹색채소, 당근, 바나나와 같은 식물성 먹이에는 칼슘, 아미노산, 지방산, 미량무기질과 같은 다양한 필수영양소가 부족하다. 일반적으로 새끼 비어디드는 영양제를 매일 보충해주고, 나이든 개체는 일주일에 한 번 또는 격주로 보충해줄 수 있도록 점차적으로 영양제 급여비율을 줄여나가면 된다. 급여할 때는 먹이용 곤충이나 채소에 가볍게 더스팅해 제공하면 된다.

자신이 기르는 비어디드에게 필요한 영양제의 유형과 급여량은 여러 가지 요인에 따라 달라진다. 예를 들어 야생의 비어디드는 일광욕을 통해 비타민 D_3를 얻고, 흙으로부터 미량무기질을 얻게 되는 반면에, 실내에서 사육되는 비어디드는 사육주가 제공해주는 식단에서 이러한 필수영양소를 얻어야 한다.

칼슘 보충

칼슘은 건강한 뼈의 성장을 위해 매우 중요한 영양성분이다. 사육주는 칼슘 함량이 높은 먹이를 급여하면 충분할 것이라고 생각하겠지만, 비어디드는 식단에 상관없이 추가적인 칼슘공급이 필요하다(균형적이고 완벽한 펠렛 사료를 급여하고 있다면 별도의 영양제는 필요 없음). 비타민과 무기질을 강화한 영양제일 경우 비어디드에게 필요한 칼슘의 양을 충분히 제공해주지 않는다. 따라서 2가지 종류의 영양제가 가끔은 필수적이다. 하나는 비타민과 미네랄을 함유한 것(약간의 칼슘을 함유한 것)이며, 다른 하나는 주성분이 칼슘으로 이뤄진 것(탄산칼슘, 골분, 오징어뼈 등)이다.

귀뚜라미와 밀웜에 비타민·미네랄 영양제를 더스팅한 모습

영양제의 정확한 급여비율은 비어디드의 나이와 크기, 사육되는 장소, 칼로리 섭취량, 먹이로부터 제공되는 칼슘의 양, 먹이에 포함된 인과 비타민 D_3 같은 다른 영양소의 양에 따라 달라진다.

칼슘을 가장 많이 필요로 하는 개체는 성장기의 어린 새끼와 임신한 암컷이다. 영양제의 정확한 급여비율은 비어디드의 나이와 크기, 사육되는 장소(실내인지 실외인지), 칼로리 섭취량, 먹이로부터 제공되는 칼슘의 양 그리고 먹이에 포함된 인과 비타민 D_3 같은 다른 영양소의 양에 따라 달라진다. 일반적으로 새끼 비어디드에게는 매일 또는 이틀에 한 번씩 칼슘과 함께 영양제를 급여하고, 나이가 들고 덩치가 커짐에 따라 공급량과 공급빈도를 줄인다.

비어디드 드래곤의 식단에는 1~1.5%의 칼슘과 0.5~0.9% 정도의 인이 포함돼 있어야 한다. 이때 먹이 속의 칼슘과 인의 비율에 주의를 기울여야 하는데, 칼슘:인은 1:1에서 2:1 사이의 비율이어야 한다. 하지만 비율보다는 먹이 속에 포함된 칼슘과 인의 양이 훨씬 중요하다. 예를 들어 먹이에 0.4%의 칼슘과 0.2%의 인을 함유하고 있다면 칼슘:인의 비율은 2:1이 되지만, 칼슘의 양은 부족하므로 비어디드는 칼슘결핍을 겪게 될 것이다. 쉽게 구할 수 있는 칼슘영양제 안의 칼슘성분 비율은 탄산칼슘에 40%, 석회석에 38%, 젖산칼슘에 18% 그리고 글루콘산칼슘에 9%

정도다. 칼슘과 인의 구성성분비율은 골분사료는 24%와 12%이고, 인산칼슘 내 비율은 24%와 18% 정도다.

비타민 D 영양제

비어디드 드래곤의 신진대사를 활성화시키기 위해서는 비타민 D가 필수적인데, 비타민 D의 대표적인 기능 중 하나는 튼튼한 골격을 생성하기 위한 칼슘의 흡수를 돕는 것이다. 식이성 비타민 D에는 식물로부터 만들어지는 비타민 D_2(ergocalciferol, 에르고칼시페롤)와 동물조직, 특히 간에서 생성되는 비타민 D_3(cholecalciferol, 콜레칼시페롤) 두 종류가 있다. 파충류는 비타민 D_2를 사용할 수 없다는 연구결과가 있기 때문에 항상 비어디드 드래곤에게는 비타민 D_3가 추천된다. 비어디드와 같이 일광욕을 좋아하는 도마뱀은 태양광이나 특수하게 제작된 UVB램프 조사를 통해 비타민 D_3를 만들어낼 수 있다.

사실 UVB램프 조사나 먹이로부터 얻은 비타민 D_3가 비어디드에게 가져다주는 효과를 증명하는 과학적 자료는 없다. 1년 내내 실외에서 생활하는 비어디드 중 일부는 식이성 비타민 D가 없어도 괜찮은 것 같지만, 비어디드의 대부분, 특히 1년 내내 또는 몇 달 동안 실내에서 길러지는 경우는 식이성 비타민 D가 절대적으로 필요하다. 사료의 영양성분표에 비타민 D_3는 'cholecalciferol, animal sterol, D-activated animal sterol, irradiated animal sterol 또는 Vitamin D_3'로 기재돼 있다. 영양성분표에 단지 비타민 D로 표시돼 있는 경우도 있는데, 이는 비어디드가 사용할 수 없는 비타민 D_2일 가능성도 있으므로 주의 깊게 살펴봐야 한다.

다른 영양소와 마찬가지로 비타민 D 역시 과다섭취하면 독이 된다. 보통 비타민과 미네랄이 함유된 제품을 너무 많이 급여하면 비타민 D가 과다섭취돼 독성이 생기는데, 중독이 되면 여러 기관의 연조직이 석회화되는 증상이 나타난다. 비타민 D는 간과 콩팥에서의 연속적인 화학적 변화로 인해 활성화되므로 간이나 콩팥의 질병은 비타민 D의 신진대사에 영향을 미쳐 독성을 나타내거나 또는 비타민 결핍으로 이어질 수 있다. 비타민 D가 과다급여되거나 급여량이 너무 부족할 때, 간이나 콩팥에 이상이 생겼을 때는 체내의 비타민 D 불균형으로 인한 2차 질병을 유발할 수 있으므로 수의과적인 주의가 필요하다.

성장단계별 먹이급여

지금까지 비어디드 드래곤의 먹이와 급여시간, 급여횟수, 급여량 등에 대해 살펴 봤다. 이번 섹션에서는 비어디드의 각 성장단계에 맞는 먹이의 종류와 급여 스케 줄에 대해 자세하게 알아보도록 하겠다.

해츨링 단계의 먹이급여
새로 부화한 새끼 비어디드 드래곤이 먹이활동을 시작하려면 하루나 이틀 정도 지나야 하며, 그동안은 재흡수된 난황낭을 통해 필요한 영양소를 공급받는다. 새끼 비어디드가 먹이활동을 시작하면 음식과 물을 쉽게 찾을 수 있도록 작은 사육장에 서 기르는 것이 좋다. 새끼 비어디드에게는 태어난 지 1~2주 정도 된 귀뚜라미, 어느 정도 살아 있는 3mm 크기의 작은 귀뚜라미를 먹여야 하며, 성장할수록 더 큰 크기의 귀뚜라미를 먹이도록 한다. 이때 귀뚜라미가 비어디드 드래곤의 머리 폭보 다 더 길어서는 안 된다는 것을 반드시 명심해야 한다.[1]

녹색채소를 비롯해 여러 가지 채소를 매일 공급해야 하는데, 새끼 비어디드에게는 왼쪽처럼 잘게 다져주고, 성체에게는 오른쪽처럼 굵게 썰어 급여하면 된다.

작은 먹이를 더 많이 제공하는 것이 큰 먹이를 조금 주는 것보다 어린 비어디드가 소화하는 데는 더 효과적이다. 귀뚜라미는 하루에 두세 번, 한 번에(약 10분 이내) 모두 먹을 수 있는 정도만 급여하도록 해야 한다.

사육주는 새끼 비어디드가 먹이를 잘 먹고 있는지 신중하게 관찰하도록 한다. 부화한 지 하루에서 이틀 정도 된 새끼들은 잘 먹여야 하지만, 먹이통 안에 너무 많은 귀뚜라미를 넣어두면 비어디드에게 스트레스를 줄 수 있고, 먹이그릇에서 기어 나온 귀뚜라미들이 비어디드의 몸 위를 기어 다니면서 깨물 수도 있으므로 주의해야 한다.

마실 물은 얕은 물그릇에 담아 제공해야 한다. 집에 있는 그릇을 사용해도 되고, 시중에 판매되는 제품을 구입해 사용해도 괜찮다. 갓 부화한 어린 새끼들은 갈증을 자주 느끼는데, 사육장이 크면 물을 찾는 데 어려움을 겪기도 한다. 사육장 벽면과 구조물에 가볍게 분무를 하거나 물그릇에 물방울을 떨어뜨려놓으면 새끼 비어디드가 물을 먹는 데 도움이 된다. 이때 급수의 궁극적인 목표는 갓 부화한 새끼들에게 수분을 공급하는 것이지, 습한 환경이나 물구덩이를 만드는 것은 아니라는 사실을 명심하고 사육장 내 습도조절에 주의를 기울이도록 하자.

먹이가 되는 귀뚜라미에게 하루에 한 번 탄산칼슘과 비타민·미네랄 영양제 가루를 더스팅해 급여해야 하는데, 급여량만큼의 귀뚜라미를 빠져나올 수 없는 유리병이나 플라스틱 통과 같은 매끄러운 용기에 담고, 적절한 양의 영양제를 뿌려주면 된다. 일반적으로 두세 마리의 새끼 비어디드 드래곤에게 먹이기 위해서는 엄지와 검지로 살짝 집은 정도의 적은 양으로도 먹이곤충의 표면을 덮기에는 충분할 것이

---

1) 본서에서 사육하는 비어디드의 머리 크기보다 큰 먹이를 급여해서는 안 된다는 이야기가 누차 강조되고 있는데, 이는 전혀 새삼스러운 것이 아니다. 외국에서뿐만 아니라 우리나라에서도 어린 비어디드 드래곤 폐사의 가장 큰 원인 가운데 하나가 너무 큰 먹이를 급여한 경우이기 때문이다. '머리 크기보다 큰 먹이를 급여하면 안 된다'는 것은 비어디드 드래곤의 먹이 급여에 있어 가장 먼저, 가장 확실하게 숙지해야 할 내용이다.

다. 더 큰 비어디드에게 줄 때는 좀 더 많은 양을 묻히면 되고, 세 마리 정도에게 급여하기 위해서는 어림잡아 차스푼의 8/10 정도 되는 양을 묻혀주면 된다. 귀뚜라미 표면에 영양제가 골고루 묻힐 수 있도록 몇 초간 살살 용기를 흔들어준 다음 비어디드에게 먹이면 된다. 채소는 잘게 다지고, 인공사료는 한 입 크기로 부숴 매일 급여한다. 이렇게 준비한 먹이를 하루 동안 사육장에 그대로 두면 호기심 많은 어린 비어디드에게 새로운 음식을 소개하고자 할 때 도움이 된다. 처음에는 새끼 비어디드가 먹이를 종종 무시하거나 지나쳐 버릴 수도 있지만, 며칠이 지나면 조금씩 관심을 보이며 먹는 것으로 인식하게 될 것이다. 남은 귀뚜라미를 포함해서 먹지 않고 남긴 음식물은 밤 시간에는 모두 치워줘야 한다. 물도 매일 갈아줘야 하고, 더러워진 물은 필요할 때마다 수시로 갈아줘야 한다.

필자는 너무 어린 새끼에게 보조식이나 간식은 주지 말 것을 권장한다. 어린 새끼는 빠르게 성장하기 때문에, 또 유전적으로 가능한 크기, 형태, 행동을 발달시키기 위해서 영양적으로 보충된 귀뚜라미를 제공해야 한다. 사실 이 시기의 비어디드는 간식에 많은 관심을 보이지는 않는다. 해츨링 단계의 새끼 비어디드에게 집중해야 할 부분에 사육자가 항상 관심을 기울이고 신경을 써야 하는데, 쾌적하고 건강에 좋은 환경, 충분히 영양보충이 된 귀뚜라미를 제공함으로써 최적으로 성장시킬 수 있다.

이 시기에 먹이와 관련돼 흔히 발생하는 문제는 굶주림과 영양실조. 굶주림은 성장을 지연시키고 체중을 감소시키며, 종종 죽음을 초래할 수도 있다. 비어디드가 음식물을 제대로 섭취하지 못하는 경우, 그 원인은 매우 다양하다. 온도가 너무 낮거나 조명이 너무 어두우면 섭식반응을 저해하고, 오직 채소만 혹은 인공사료만 제공하거나 어린 개체들이 먹기에 너무 큰 귀뚜라미를 급여한다든지 부적합한 먹이를 급여하는 것, 크고 빠른 속도로 성장하는 개체가 상대적으로 작은 개체를 못살게 굴거나 발육이 부진한 개체의 음식물

굶주린 비어디드가 자신의 발가락을 물어뜯은 모습

어린 새끼는 빠르게 성장하기 때문에, 또 유전적으로 가능한 크기, 형태, 행동을 발달시키기 위해서 영양적으로 보충된 귀뚜라미를 제공해야 한다. 먹이섭취가 불충분하면 영양실조가 발생하고 동료의 신체를 훼손하게 된다.

섭취를 방해하는 경우 비어디드는 굶주리게 된다. 먹이섭취가 불충분하면 2차적으로 영양실조가 발생한다. 굶주린 새끼 비어디드는 자신의 발가락을 물어뜯거나, 다른 비어디드의 꼬리 끝을 물어뜯을 것이다. 만약 이런 경우가 발생하면 추가로 먹이를 주거나, 매 먹이급여 때마다 귀뚜라미의 양을 늘려주는 것이 좋다. 영양실조는 영양성분이 보충되지 않은 귀뚜라미와 같이 불균형한 식단을 급여함으로써 발생할 수 있다. 흔히 UVB 혹은 칼슘, 비타민 D_3가 부족하게 들어 있는 식단을 제공했을 때 칼슘이 결핍되는데, 칼슘부족의 증상(떨림, 경련, 마비, 불구)이 나타나면 수의사의 치료와 식단의 재검토가 필요하다.

주버나일 단계의 먹이급여

이 시기의 어린 비어디드 드래곤은 '마치 먹는 기계 같다'고 할 정도로 많이 먹는다. 성장이 매우 빠르게 진행되는 단계로, 최적의 조건 하에서 처음 6개월 동안

4000% 이상까지 크기가 성장할 수 있다. 적절한 크기(2~4주, 6~12mm 정도 크기)의 귀뚜라미를 하루에 두 번씩 10분 안에 모두 섭취할 수 있는 만큼 제공해야 하며, 비어디드의 성장속도와 제공되는 귀뚜라미의 크기에 맞춰 매일 두 번째 혹은 세 번째 끼니에 급여해야 한다. 비어디드는 특히 왁스웜과 밀웜을 즐겨 먹는다. 새로 탈피를 한 밀웜은 상대적으로 적은 양의 키틴질을 함유하고 있어서 소화가 더 잘되는데, 마찬가지로 칼슘과 다른 필수영양소가 부족하기 때문에 영양제를 급여함으로써 부족한 영양소를 보충해줘야 한다.

녹색채소를 비롯해 여러 가지 채소들을 잘게 손질해 제공해야 하는데, 종합적으로 볼 때 최고의 채소는 맛이 좋고 영양이 풍부하며, 칼슘(0.7%)과 베타카로틴(건조된 형태로 g당 50 레티놀 이상) 및 섬유질(35%)을 적당하게 함유하고 있는 로메인 상추라고 생각한다. 로메인 상추는 비어디드 드래곤 삶의 모든 단계에서 적절한 영양제와 함께 성공적으로 급여돼왔다. 민들레 잎, 겨자식물, 콜라드(케일의 품종), 케일 등과 같은 다른 녹색채소들과 함께 섞어서 급여하는 것도 가능하다. 이러한 채소들도 미네랄, 비타민, 섬유질을 함유하고 있지만 특히 칼슘과 같은 결핍된 필수영양소를 제공하기 위해 영양제를 보충해줘야 한다. 비어디드는 채소와 함께 다채로운 색상의 과일이 섞인 먹이를 선호한다. 무화과, 키위 종, 사과, 베리, 완두콩, 바나나, 강낭콩 등을 소량 먹이는 것도 가능하다.

비어디드의 영양공급에 있어서 일반적으로 칼슘이 많이 함유된 먹이는 칼슘을 제외한 다른 유용한 성분들이 부족한 것이 많기 때문에 비어디드에게 칼슘부족 증상이 나타나더라도 고칼슘 먹이만을 전적으로 급여하기는 어렵다. 따라서 칼슘과 함께 영양제는 거의 항상 필요하다. 인공사료도 급여할 수 있는데, 만약 펠렛 사료의 크기가 크다면 작게 부셔주거나 물에 불려서 줘야 한다. 이렇게 물에 불린 사료들은 곰팡이와 부패를 막기 위해 매일 새로 바꿔줘야 한다.

주버나일 단계에서 가끔씩 다양한 음식들을 간식으로 제공(하루나 이틀에 한 번씩 한두 입 크기)해줄 수 있다.

고칼슘 먹이	저칼슘 먹이
알팔파 건초(1.5%)	알팔파 싹(0.3%)
클로버 건초(1.5%)	무화과(0.2%)
민들레잎(1.3%)	콩(0.1%)
겨자잎(1.3%)	멜론(0.1%)
시금치(1.1%)	망고(0.06%)
양배추(0.8%)	사과(0.05%)
로메인(0.7%)	파파야(0.02%)
	바나나(0.02%)

시금치와 양배추의 급여

'비어디드에게 시금치와 양배추를 먹이는 것이 좋지 않다고 들었는데 우리 집 비어디드는 두 가지를 너무 좋아한다. 계속 먹여도 되는가' 라고 물어오는 사육자가 많다. 결론부터 말하면 비어디드에게 시금치와 양배추를 계속 먹여도 된다. 모든 녹색채소에는 일반적으로 2차적인 식물화합물이라고 알려진 물질이 함유돼 있다. 식물화합물 중 어떤 성분은 동물에게 이롭지만 어떤 성분은 해로울 수도 있다. 주로 언급되는 두 가지 성분은 수산염(oxalate)과 갑상선종을 유발하는 물질인 고이트로겐(goitrogen)이지만, 이 두 가지 물질보다 더 위험한 다른 혼합물질도 많이 있다. 이렇게 잠재적으로 유해한 2차적인 식물화합물을 함유하고 있는 모든 채소, 과일들을 피하고자 한다면 비어디드에게 먹일 수 있는 음식은 아무것도 남지 않을 것이다. 먹일 때는 전체 급여량 중 적당한 양만 급여해야 한다는 사실을 명심하고, 또한 칼슘과 미네랄 성분의 영양제도 지급해 주도록 한다. 그러나 아무런 추가적인 영양제 없이 전적으로 시금치와 양배추만 급여하는 것은 삼가야 한다.

급여 가능한 음식들로는 수박, 오이, 파파야, 여러 가지 멜론 종류와 망고가 있는데, 이때 비어디드가 너무 많이 먹지 않도록 항상 주의해야 한다. 가끔씩 주는 간식에는 다른 영양제를 더스팅해서 주지 않아도 된다.

주버나일 단계에서 흔히 볼 수 있는 영양적인 문제는 비어디드가 삼키기에는 지나치게 크기가 큰 음식을 급여함으로써 먹이를 충분히 먹지 못해 영양부족이 일어나는 데서 기인한다. 너무 큰 귀뚜라미를 주면 부분적인 마비를 일으킬 수 있다. 가끔 사육주들이 큰 귀뚜라미를 억지로 먹이려고 할 때도 있는데, 새끼 비어디드 드래곤이 먹을 수 없는 크기의 먹이를 강제로 먹이는 것은 가끔 심각한 문제를 일으킬 수 있으므로 절대 삼가도록 한다. 칼슘부족도 종종 이 단계에서 일어난다. 기생충성 질병이나 전염병은 대부분 음식과 물을 깨끗하게 관리하지 않을 때 발생한다. 발육기의 비어디드는 상당히 활동적이고, 음식과 물 위를 뛰어다니면서 사육장 안을 지저분하게 할 것이다. 먹이관리는 단순히 먹이만 관리하는 데 그치는 것이 아니라 사육장의 위생관리까지 포함한다는 것을 명심하자.

준성체 단계의 먹이급여

준성체 단계로 접어들면 하루에 1~2회 정도 귀뚜라미를 급여하고, 비어디드가 성장할수록 급여하는 귀뚜라미도 6주 정도 된 2.5cm 크기로 점차적으로 늘려간다. 비어디드의 성장률과 급여되는 먹이를 고려해 매일 2~3회 정도 귀뚜라미를 제공해야 한다. 슈퍼웜과 털이 나지 않은 어린 새끼쥐(핑키와 퍼지) 등이 비어디드가 좋아하는 먹이다(외국의 경우 먹이용으로 생산된 바퀴벌레를 먹이기도 한다). 이러한 먹이용 동물들은 대부분의 비어디드가 즐겨 먹고 기호성이 뛰어나기는 하지만, 비어디드의 건강을 유지하는 데 있어서 반드시 필요한 것은 아니다.

이 시기에는 채소가 식단에 상당히 많은 부분을 차지하기 때문에 영양적으로 균형이 잡히도록 더 많은 관심을 기울일 필요가 있다. 급여 가능한 녹색채소들로는 로메인 상추, 케일, 겨자, 콜라드와 같은 것들이 있다. 이외의 채소는 여러 가지 콩과 완두콩 같은 기타 콩류, 옥수수, 고구마, 참마, 호박이 있다. 과일은 바나나, 멜론, 사과, 파파야 그리고 베리류가 있다. 식물성 먹이로 급여되는 모든 것들은 비어디드의 크기를 고려해 적당하게 손질해서 급여해야 한다. 또한, 식물성 먹이를 급여할 때는 소량의 칼슘을 보충해줘야 하며 아미노산, 지방산, 불용성 섬유질, 비타민, 미네랄이 보충됐을 때 영양의 질이 증가한다.

주버나일 단계에서는 채소가 식단에 상당히 많은 부분을 차지하므로 영양의 균형에 더 많은 관심을 기울여야 한다.

먹이를 급여할 때는 바닥재의 섭취를 줄이기 위해 반드시 먹이그릇에 담아 제공하도록 한다.

불용성 섬유질, 칼슘과 단백질을 보충할 수 있는 건초와 알팔파 펠렛이 식물성 먹이에 추가될 수 있다. 건초와 알팔파 펠렛을 먹이로 급여할 때는 시들지 않은 것, 녹색을 띠고 있는 제품을 선택해야 한다. 가끔 알팔파 건초나 펠렛을 사육장의 바닥재로 사용하는 사육자들이 있는데, 이러한 재료를 바닥재로 사용하면 모래 등의 바닥재 섭취로 인한 장폐색의 위험을 줄여줄 수는 있다. 하지만 엎질러진 물, 식물성 먹이, 배설물, 분무된 물 등으로 인해 수분을 흡수할 경우 쉽게 곰팡이가 발생하고, 이를 먹거나 들이마셨을 경우에는 소화불량과 폐렴의 위험이 따른다.

영양적인 문제는 보조식과 간식을 과잉 급여함으로써 발생되기도 한다. 한 가지 먹이(사과, 베리, 고기 등)를 지나치게 많이 섭취했을 경우 설사를 유발할 수 있는데, 일반적인 소화와 관련된 문제들은 저절로 나아지며, 보통 하루 안에 해결된다. 하지만 가끔씩 나타나는 심각한 위장병과 탈수현상은 수의사의 치료를 필요로 한다. 사육자들은 비어디드의 변 색깔이 변화하면 질병에라도 걸린 것일까 싶어 깜짝 놀라기도 하는데, 간혹 사료에 포함된 염료나 섭취하는 채소의 색소(오렌지색 카로티노이드)로 인해 변 색깔이 변화하는 경우도 있으므로 참고하도록 한다.

성체 단계의 먹이급여

성체가 된 비어디드 드래곤에게는 4~6주 정도 된 귀뚜라미 또는 슈퍼웜을 일주일에 한두 번씩 급여해야 한다. 밀웜과 왁스웜을 포함해 농장에서 상업적으로 번식되는 기타 먹이동물과 여러 가지 채집된 곤충(메뚜기나 매미 등. 농약이나 제초제 등이 살포되는 곳에서 잡은 곤충은 절대 먹이면 안 된다), 핑키와 퍼지 등의 생쥐를 가끔 급여할 수 있다. 성체 비어디드는 어린 개체를 잡아먹기 때문에 새끼 비어디드와 절대로 같은 사육장에 둬서는 안 된다.

식물성 먹이는 영양성분을 보강해 1~2일에 한 번씩 제공해야 한다. 인공사료는 가끔 비어디드가 자유섭취할 수 있도록 급여하는데, 비어디드가 항상 먹을 수 있게 준비해주면 된다. 이런 식으로 급여하는 방법은 인공사료가 영양적으로 균형 있고 완벽하다면 매우 효과적이다. 대신 인공사료가 가지고 있지 않은 부족한 성분을 보충하기 위해 생쥐나 영양성분이 잘 보강된 먹이용 곤충을 급여할 수 있으며, 자신이 사육하는 비어디드가 특히 좋아하는 과일이나 채소를 한입에 삼킬 수 있을 정도의 크기로 준비해 하루에 한두 번 간식으로 급여할 수 있다.

성체 비어디드에게서는 영양적인 불균형이 나타날 수 있는데, 특히 경험이 없는 사육자가 새로 비어디드를 기르는 경우 흔히 발생한다. 영양적 불균형은 영양제를 제대로 섭취시키지 못했거나, 사육장 내의 온도와 조명조건을 적당하게 제공하지 못했을 때 발생하며, 그 결과 먹이를 잘 먹지 않게 된다. 성체 비어디드에게 일주일에 한 번이나 두 번 정도만 급여해야 하는 귀뚜라미(영양제를 더스팅한)를 매일 너무 많이 급여할 경우 영양제가 과다섭취될 수 있다. 영양제는 성분상 비타민 A, 비타민 D_3, 아연, 동 그리고 철과 같은 미량 원소들이 많이 함유돼 있기 때문에 너무 많이 급여하게 되면 대부분 쉽게 독성을 일으킨다. 칼슘 또한 과다

온도와 조명이 적당하지 않으면 먹이섭취량이 줄어든다.

성체의 경우 먹이용 곤충을 일주일에 한두 번 정도만 급여해야 하는데, 매일 너무 많이 급여할 경우 영양제가 과다 섭취될 수 있으므로 주의하도록 한다.

섭취될 경우 변비가 생기고, 장기간 증상이 지속되면 아연, 동, 요오드의 2차적인 결핍을 초래한다. 비어디드가 바닥재로 사용되는, 칼슘을 함유하고 있는 모래를 과다섭취하게 되면 장폐색이 발생하거나 죽게 될 수도 있으므로 주의해야 한다.

임신후기의 암컷은 알들이 체강공간을 가득 채우기 때문에 먹이를 조금 덜 섭취하게 된다. 임신기간 동안 암컷에게는 소화가 잘되고 영양적으로 균형이 잘 잡혀 있는, 그들이 선호하는 음식을 급여하는 것이 좋다. 귀뚜라미나 다른 먹이는 식물성 먹이나 인공사료보다 더 많은 칼로리와 단백질을 제공하기 때문에 이 시기에는 먹이용 곤충들이 훨씬 더 효과적인 먹이가 될 수 있다. 임신후기에 접어든 암컷에게 완벽한 영양을 제공했음에도 불구하고 종종 평소 체내에 저장해뒀던 영양분을 사용하기도 하므로 알을 낳은 후에는 영양가 있는 먹이를 충분히 제공해 손실된 영양분을 보충해줘야 한다. 필자는 식물성 먹이를 곁들여 살아 있는 먹이용 곤충을 급여하는 것을 선호한다.

노후 단계의 먹이급여

현재 노후한 비어디드 드래곤의 영양공급 계획과 관련된 구체적인 자료는 구할 수 없기 때문에, 필자는 과학적으로 정립된 노인영양학과 필자의 사육경험을 토대로 노후한 비어디드를 위한 매뉴얼을 제공하고 있다. 이 단계의 비어디드 드래곤은 활동성이 떨어지기 때문에 칼로리를 줄여서 급여할 필요가 있는데, 번식하지 않는 개체나 어린 개체들의 수준과 비슷한 정도의 필수영양소의 공급은 유지해야 한다. 이런 이유로 필자가 내린 결론은 칼로리는 조금 섭취할 수 있게 하더라도 높은 품질의 먹이를 제공하는 것인데, 이는 자유급식을 실시함으로써 어렵지 않게 해결할 수 있다. 영양적으로 균형 잡힌 식물성 먹이를 매일 급여하고, 일정한 양의 귀뚜라미와 슈퍼웜을 급여하면 된다. 동물성 먹이는 2~3일에 한 번씩 급여하며, 비율과 양은 비어디드의 컨디션에 따라 조절한다.

인공사료만 급여하기

현재 시중에는 여러 종류의 비어디드 드래곤 전용 인공사료들이 판매되고 있다. 이런 제품들은 동물성 성분과 식물성 성분을 적절히 배합해 압축한 알갱이 형태로 제조된다. 대부분의 인공사료에는 사육자와 비어디드 드래곤의 선호도를 높이기 위해서 색깔 및 향을 강화시키는 염료와 향료('맛'이라고 표기해 판매되고 있는데 이는 사료 위에 뿌려진 '냄새'일 뿐이라는 것을 명심해야 한다)가 포함돼 있다. 이러한 상품들은 대부분 개발된 지 얼마 되지 않았고, 따라서 급여방법에 대한 실험정보가 제한돼 있거나 부족하다. 이러한 먹이를 급여해도 괜찮은지에 대한 확실성이 부족하기 때문에 필자의 경우 비어디드 드래곤을 전적으로 인공사료만 급여해 기르는 것을 권장하지 않는다.

제품의 품질이나 구성성분에 관계없이 인공사료들은 대부분 비슷하다. 모든 입자들은 최소 10~12%의 수분을 함유하고 있다. 반면에 신선한 채소에 함유된 수분의 양은 85~92% 정도이며, 먹이용 곤충에 함유된 수분의 양은 60~70% 정도다. 따라서 오직 인공사료만으로 길러지는 비어디드는 그들이 필요로 하는 양의 수분보다 훨씬 적은 양을 섭취하게 되므로 비어디드에게 물을 비교적 더 많이 먹게 해서 부족한 수분량을 보충해 주도록 한다.

인공사료를 급여할 때는 수분섭취량이 부족하므로 비어디드에게 물을 충분히 제공해 주도록 한다.

이는 비어디드가 항상 더 좋은 품질의 깨끗한 물을 먹도록 신경을 써야 한다는 것을 의미한다. 달리 말하면 사료섭식만으로는 부족한 수분섭취량을 채우는 것이 불가능하며, 이는 만성탈수현상으로 인한 신장병이 발병할 수 있음을 의미하기도 한다. 참고로 평소 부족한 수분량을 한 번에 많이 급여해도 건강상 아무런 문제가 없는지에 대해 증명된 바는 없다.

대부분의 인공사료는 상업적으로 길러지는 가축 및 애완동물의 사료를 만드는 데 사용되는 재료와 기술을 이용해 제조된다. 이 제조법은 일단 사료공장의 이익을 우선으로 하고 실제 비어디드가 필요로 하는 것을 차선으로 놓는 데에 문제발생의 여지가 있다. 즉 사료의 원재료는 사료공장에서 쉽게 조달되는 것들이 사용된다. 이러한 현상이 비어디드에게 반드시 나쁘다고 볼 수는 없지만, 이는 활발하고 호기심 많은 비어디드의 먹이종류와 범위를 제한한다. 비어디드 드래곤이 먹을 수 있는 재료는 굉장히 많은 데 반해, 사료에 쓰이는 원재료들은 꽤나 제한적이어서 대부분 옥수수, 콩, 닭고기, 동물성 수지, 알팔파, 밀 정도다. 이러한 재료의 단조로움은 사료 알갱이의 모양과 색깔을 다양하게 하는 것으로 보충하곤 하는데, 이는 비어디드 드래곤의 미각을 충족시킨다기보다는 사육자들의 눈을 즐겁게 하는 효과가 더 크다.

모든 펠렛은 약간의 지방을 함유하고 있는데, 시중에 판매되는 사료들은 10~12% 미만의 지방함유율을 보이며, 식물성 먹이는 이보다 더 적은 양의 지방을 함유하고 있다. 반대로 먹이용 곤충은 30~60% 정도의 지방을 함유하고 있다. 지방은 비어디드 드래곤의 영양섭취, 성장에 필요한 칼로리 제공, 번식과 건강유지에 필수적인 성분이다. 또한 중요 장기들, 특히 뇌 발달에 필요한 필수지방산을 공급한다. 단백질과 지방의 함유율이 낮은 사료를 먹인 주버나일 개체를 관찰해본 결과 성장이 매우 더뎠는데, 좀 더 지방함유율이 높은 사료로 바꿔 급여하자 뚜렷한 변화를 보인 것을 보면 지방이 성장에 미치는 영향을 알 수 있다.

강아지와 고양이 사료 또한 비어디드 드래곤의 사료로 이용돼왔다. 이러한 먹이들은 대체적으로 비어디드의 성장과 번식에 도움을 주는 충분한 섬유질과 지방 그리고 높은 품질의 단백질을 함유하고 있다. 그러나 필자는 비어디드 드래곤에게 고양이 사료를 급여하는 것은 추천하지 않는다. 현재의 고양이 사료들은 고양이의 비뇨기계 건강유지를 위해 산성물질을 생성하게끔 제조돼 있는데, 이는 동시에 칼슘도 배출하게 만들기 때문에 비어디드 드래곤에게 급여하는 경우 칼슘결핍을 유발한다. 강아지 사료는 이런 작용을 하지 않아 비어디드 드래곤 체내의 칼슘 균형을 유지시켜 뼈를 더 단단하게 만들어준다. 비록 영양보충제가 함유된 곤충이나 채소를 먹이는 것을 더 권장하지만, 사료를 급여해야 한다면 총 먹이급여량의 절반 정도만 강아지 사료로 대체하는 것을 권장한다.

포유류에게 오직 인공사료만 급여했을 때 여러 가지 문제가 발생할 수 있는데, 초식·잡식동물의 경우 식이섬유 부족으로 인한 소화장애, 잡식·육식동물의 경우 지방함유율 부족으로 인한 성장저하가 일어날 수 있다. 또한, 모든 동물에게서 단조로운 식단으로 인해 야기되는 행동장애 등의 문제가 발생할 수 있다. 이러한 이유로 비어디드 드래곤에게 인공사료만 급여하기를 희망하는 사육자들은 항상 조심하고 잘 관찰해야 한다. 만약 귀뚜라미, 채소 등의 먹이 없이 인공사료만 급여하고 싶다면, 비어디드가 생후 2~4개월, 혹은 그 이후가 될 때까지 기다리는 것이 좋다. 식단의 변화는 천천히 시간을 두고 시도해야 한다. 매일 새로운 사료를 먹이그릇에 놓아주되, 다른 음식의 급여를 중지하는 것은 몇 주의 시간을 두고 천천히 실시해야 한다.

Section 04

먹이와 관련된 건강문제

비어디드 드래곤에게 올바르게 먹이를 급여하는 완전하게 정해진 방법은 없다. 하지만 자신이 기르는 비어디드의 사육환경을 늘 관찰하고, 본서에서 다루고 있는 사육방법 지침을 응용한다면 적절한 먹이급여가 가능할 것으로 생각한다. 이번 섹션에서는 먹이와 관련된 건강문제에 대해 알아보도록 하겠다.

먹이 검토하기

사육자는 사육하는 비어디드의 먹이가 충분한지 늘 세심하게 관찰해 이를 평가해야 한다. 먹이를 잘 먹은 비어디드는 통통하고 비교적 근육이 잘 발달된다. 주버나일 단계의 후기나 어린 성체의 골반뼈는 거의 안 보이곤 하지만, 아주 어리거나 아주 늙은 개체 그리고 활동적으로 번식하는 암컷은 골반뼈에 피하지방이 약간 덮여 있는 정도로 체격이 유지되기도 한다. 또 꼬리는 넓적하고 살이 통통하게 올라 있다. 먹이를 충분히 먹은 비어디드는 주변의 움직임을 항상 주시하며 이를 경계한다.

사육장 안에서 일광욕을 하고, 먹이를 먹고, 바닥을 파고, 몸을 물에 담그는 등의 다양한 활동을 보이고 활발하게 움직인다. 또 동물성 생먹이를 충분히 먹은 후에도 채소를 즐겨 먹기도 한다. 배설물은 묽지 않고 모양이 잘 갖춰져 있으며, 다른 육식동물들처럼 건강한 상태에서도 비어디드의 변에서는 혀나 코를 강하게 자극하는 냄새가 날 수도 있다. 비어디드가 앞서 설명한 바와 같은 모습을 보인다면 먹이를 충분히 섭취하고 있고 건강한 상태라고 볼 수 있다. 그러나 겨울을 나기 위해 활동을 중지하는 시기에는 예외적이다. 이 시기에는 먹이섭취량과 활동량이 많이 줄어들긴 하지만 체중감소는 최소한으로 나타난다.

식물의 2차대사산물

식물은 비어디드 드래곤의 영양공급에 있어서 가장 중요한 역할을 하지만, 일반적인 주요 영양성분보다도 훨씬 더 많은 것을 포함하고 있다. 식물의 2차대사산물이라고 불리는 다양한 종류의 성분들이 비어디드가 섭취한 먹이에 영향을 미친다. 옥살산염은 소화기관에서 칼슘 및 미량무기질과 결합돼 흡수를 방해함으로써 영양분의 부족을 초래하기도 한다. 옥살산염은 시금치, 대황, 양배추, 완두콩, 감자, 푸른 사탕무와 다른 여러 가지 식물들에 많은 양이 들어 있다.

그러나 이러한 먹이들을 지속적으로 자주 급여하거나, 별도의 영양제 없이 급여했을 때 영양부족을 초래하는 것이기 때문에 옥살산염이 포함된 먹이들을 완전히 피해야 하는 것은 아니다. 칼슘과 미량무기질이 포함된 영양제를 급여하는 것과 다양한 종류의 먹이를 급여하는 것이 질병의 위험을 줄일 수 있는 가장 좋은 방법이다.

옥살산염이나 갑산선종 유발물질 등 식물의 2차대사산물은 비어디드가 섭취한 먹이에 영향을 미친다.

식물을 먹이로 급여할 때는 다양하고 균형 잡힌 식단을 구성하기 위해 동물성 먹이를 함께 제공해야 한다.

갑상선종 유발물질은 갑상선종이나 갑상선 기능부전을 일으킬 수 있는 미량무기질인 요오드를 응고시킨다. 갑상선종 유발물질은 양배추, 케일, 겨자, 순무, 루타바가(rutabaga, 순무의 일종) 그리고 다른 십자화과 식물에 상당히 많은 양이 함유돼 있다. 이러한 먹이들은 요오드(요오드화 식염 또는 나트륨, 칼륨, 염화물을 함유한 저염도 요오드화 식염으로 대체)를 함유하고 있는 영양제와 함께 다양하게 식단을 구성해 급여할 수 있다. 많은 영양보충제는 적절한 양의 요오드를 함유하고 있는데, 미네랄 요오드는 많은 양일 때 갑상선종을 유발하기도 하고 그 자체로 독성이 있기 때문에 인공사료, 요오드화 소금, 미역이나 다시마처럼 요오드 성분이 많은 갈조류 등과 함께 제공하면 과다섭취될 위험이 있으므로 주의하도록 한다.

식물의 2차대사산물은 여러 가지가 있지만 유독 옥살산염과 갑상선종 유발물질의 위험성만 부각돼 있고, 다른 것들은 무시되고 있다. 예를 들어 많은 식물들은 비어디드 드래곤의 번식에 영향을 끼칠 수 있는 호르몬과 같은 활동을 하는 물질(콩의 식물 에스트로겐 성분처럼)을 함유하고 있기도 하다. 상당수 식물의 섬유질은 비어디드 드래곤의 소화와 장 건강에 영향을 미칠 수 있고, 식물에 포함돼 있는 다른 화합물은 각성제나 진정제 역할을 함으로써 인지기능에 영향을 미친다. 비어디드 드래곤에게 식물성 먹이를 제공할 때의 기본적인 규칙은 사람이 먹을 수 있는 종류와 품질의 제품들을 다양하게 구해 공급하는 것이다. 식물을 먹이로 급여할 때는 칼슘 및 다른 필수적인 영양성분을 함께 제공해야 하며, 다양하고 균형 잡힌 식단을 구성하기 위해서는 동물성 먹이가 포함돼야 한다는 것도 잊지 않도록 한다.

영양섭취에 영향을 미치는 요소들

여기서 제안하는 사항들은 일반적인 가이드라인이고, 특정 상황에 따라 비어디드 드래곤의 식단과 먹이급여 관리에 많은 다른 요소들이 영향을 끼칠 것이다. 예를 들어 야외사육장에서 1년 내내 태양광을 쬐며 자라는 비어디드는 별도의 UVB 조사나 비타민 D_3의 공급원이 되는 먹이를 필요로 하지 않는다. 이들 개체는 흙에서 미량영양소를 얻을 것이고, 야생식물이 제공될 경우 식물의 2차대사산물도 얻을 수 있을 것이다. 야외사육장에서 자라는 비어디드는 항상 집안에서 자라는 애완용 비어디드 드래곤의 경우와는 다른 영양소들을 필요로 하는 것이다.

비어디드의 컨디션, 사육환경, 사육주의 관리법에 따라 식이요법이 조정돼야 할 수도 있다. 사육장 세팅을 변화시키거나 사육장 내에 다른 개체를 합사하는 것으로, 포식행동의 변화를 유도할 수 있고 성성숙에 도달하게 할 수도 있다. 번식하지 않고 단독으로 길러지는 비어디드보다 매년 번식해서 알을 낳는 암컷이 더 많은 영양분을 필요로 한다. 암컷에게 번식의 과정은 스트레스의 연속일 수밖에 없고, 스트레스가 늘어날수록 더 많은 영양분을 필요로 한다. 심지어 번식시기가 아닐 때조차도 마찬가지다. 스트레스는 은연중에 일어날 수 있으며, 사육주는 당연히 바로 알아채지 못한다. 예를 들어 진동이나 조명에 만성적으로 과도하게 노출됐을 때, 너무 자주 혹은 너무 거칠게 다뤘을 때, 집안에 있는 강아지 또는 고양이로부터 원치 않는 관심을 받았을 때 스트레스가 발생할 수 있다.

질병도 영양섭취에 영향을 미친다. 아프거나 고통을 느끼는 비어디드 드래곤은 보통 먹이를 먹는 것을 꺼리는데, 이는 질병 및 수술 후의 회복과정을 더디게 할 수 있다. 질병을 앓고 있는 비어디드의 경우 몸에서 필요로 하는 영양소가 달라짐으

비어디드에게 필요한 영양소는 비어디드의 컨디션, 사육환경, 사육주의 관리에 따라 그때그때 달라질 수 있다.

로써 꾸준히 관리된 음식을 섭취함에도 불구하고 체중이 줄어들 수 있다. 경우에 따라 영양이 부족하거나 과다해질 위험이 있는데, 일반적으로 어린 비어디드는 성장이 빠르기 때문에 오랜 시간 굶기는 것은 위험하다. 영양부족의 대부분의 경우는 잘못 알고 있는 사육법 때문에 발생한다. 성체 비어디드는 어렸을 때에 비해 성장속도와 활동성이 떨어지기 때문에 오히려 영양과다의 위험이 있다. 따라서 자신이 사육하는 비어디드의 몸 상태를 평소 주의 깊게 관찰해 지나치게 굶기거나 너무 과다하게 먹이는 일이 없도록 적절하게 먹이의 양을 조절해야 한다.

비어디드 드래곤은 영양소가 부족하거나 과다하면 관련 질병이 금세 발생한다. 가장 흔한 것은 칼슘과 비타민 D_3의 부족으로 인해 생기는 골형성이형증(MBD, metabolic bone disease)이다. MBD는 귀뚜라미와 채소에 칼슘(칼슘탄산염은 비싸지 않고 쉽게 구할 수 있다)을 보충해 급여하고, 비어디드를 태양광이나 UVB등에 노출시키는 것으로써 예방할 수 있다. 특정 비타민이나 미네랄의 과다보충이

칼슘과 비타민 D_3의 부족으로 인해 발생하는 관련 질병은 태양광에의 노출, UVB조사를 통해 예방할 수 있다.

독성의 위험을 유발할 수 있는데, 이는 대부분 성체에게서만 일어나기 때문에 비어디드가 나이를 더 먹을수록 영양제의 섭취를 줄여나갈 수 있도록 더 철저하게 관리해야 한다. 적당한 양의 미량영양소 없이 칼슘을 과도하게 보충하면 아연과 구리, 요오드의 2차 결핍을 초래한다.

간식을 과도하게 급여할 경우 영양불균형의 위험이 나타날 수 있고, 영양소부족으로 인해 소화장애도 발생할 수 있다. 이를 예방하기 위해서는 간식을 아주 적은 양으로 제한하고, 하루에 1~2번 이상은 절대로 주면 안 된다. 하루에 섭취하는 먹이량의 10%로 간식의 양을 제한하는 것이 가장 좋은 방법이다.

먹이지 말아야 할 것

비어디드 드래곤에게는 개똥벌레를 절대 먹이면 안 된다. 개똥벌레는 비어디드가 한 마리만 먹어도 바로 죽어버릴 만큼 독성이 매우 강하다. 또한, 사람에게도 독성을 뿜는다고 알려져 있는 검정과부거미(Black widow)와 갈색 레클루즈 거미

(Brown recluse spider)를 먹이로 주는 것은 피해야 한다. 아보카도의 경우 조류에게 먹이면 위험한 독성이 있는데, 비어디드 드래곤에게 미치는 영향은 아직 알려지지 않았지만 정확한 보고가 있기 전까지는 먹이지 않도록 한다.

정체가 불분명한 야생버섯 및 밝은 색 야생베리류도 먹이면 안 된다. 포유동물에게 독성이 있는 것으로 알려진 식물인 고사리, 속새, 미나리아재비, 양귀비, 진달래속 식물 등은 비어디드 드래곤에게도 먹이지 않는 것이 좋다. 집에서 기르는 대부분의 화초는 급여하지 말아야 하지만, 스킨답수스(*Scindapsus aureus*, pothos, 아시아 남동부 원산의 천남성과에 속하는 실내용 관엽식물)는 안전하며 비어디드 드래곤이 먹어도 괜찮다.

또한, 테오브로민(theobromine)이 함유된 음식(차, 초콜릿 등), 알코올(특정 사탕, 음료수, 바닐라향료 및 각종 향료 등), 카페인(차, 커피, 탄산음료 등)이 함유된 음식들은 모두 피해야 한다. 어떤 먹이는 독성을 가지지는 않지만 당도가 높거나 인공감미료가 포함돼 있어서 소화 및 신진대사에 문제를 일으킬 수 있다. 또한, 비어디드에게 사탕, 탄산음료, 스포츠 음료를 먹이면 안 된다.

사람들이 흔히 먹는 피자, 나초, 치즈버거와 같은 음식들은 일반적으로 비어디드 드래곤에게 줘서는 안 되는 음식이지만, 가끔씩 제공되는 아주 적은 양은 거의 문제를 일으키지 않을 것이라고 생각한다. 또한, 사육주와 비어디드 드래곤 간의 관계를 가깝게 해줄 수도 있다.

일반적으로 사람에게 해로운 음식은 비어디드에게도 해로우므로 급여하지 않도록 주의한다.

CHAPTER 06

비어디드 드래곤의 건강과 질병 및 치료

비어디드 드래곤이 잘 걸리는 질병의 종류와 진단 방법, 질병발생 시의 응급처치법과 치료 및 예방에 대해 알아본다.

Section 01

질병의 징후와 예방

새로운 타입의 애완파충류로 비어디드 드래곤이 처음 소개됐을 때 질병에 걸리지 않는 강인한 개체로 알려졌는데, 체질이 튼튼하고 식욕이 왕성하며, 사육난이도가 낮아 애호가들에게 각광을 받았다. 비어디드는 건강과 관련된 문제가 드물었고, 대부분의 질병은 사육자의 사육방법 미숙에 의한 것으로 여겨지곤 했다. 새로운 종류의 파충류가 등장할 때마다 대개 그렇듯이 비어디드의 인기가 높아지면서 관련 지식은 빠르게 축적됐다.

최근 들어 이처럼 강하고 튼튼한 비어디드 드래곤도 여러 가지 질병에 걸릴 위험이 있다는 것이 알려졌다. 더불어 비어디드 드래곤에 관련된 의료 및 수술지식도 지속적으로 증대되고는 있지만, 사육자들은 새로운 의료정보의 보급과 기술의 발전이 이뤄지기를 고대하고 있다. 현재 비어디드 드래곤에게 적용되는 의료지식들은 이구아나에게 활용되던 것들이기 때문에 좀 더 비어디드 드래곤의 특성과 부합되는 관련 지식들이 필요하며, 그러기 위해서는 비어디드 드래곤을 실제로 사육하고 있는 사육자들의 도움이 필요하다. 인근 지역의 파충류학회 또는 양서파충류

수의학협회의 연구에 참여하거나 기여하는 것은 비어디드 드래곤에 대한 새로운 의학적 지식과 기술의 발전을 위해 매우 중요한 일이라고 할 수 있겠다.

아픈 비어디드 드래곤의 구분

비어디드 드래곤이 많은 인기를 누리게 된 이유 중 하나는 활발하고 매력적인 모습 때문이다. 하루 종일 큰 움직임 없이 똬리를 틀고 있는 뱀들과는 다르게, 비어디드는 매우 활동적이기 때문에 이를 관찰하는 사육주에게 큰 즐거움을 준다. 비어디드 드래곤은 개체마다 각각 독특한 성격과 행동양식을 가지고 있으므로 사육주는 이 점을 잘 숙지해 비어디드를 관리하는 데 활용해야 한다.

아픈 비어디드를 구분하는 것은 간단하다. 즉 아픈 아이들은 아파 보이고, 아픈 개들은 아파 보이고, 아픈 고양이가 아파 보이듯이, 아픈 비어디드 드래곤도 아파 보이고 평소와는 다르게 행동한다. 비어디드는 현재 자신의 기분을 나타내기 위해 독특한 신호를 보내는데 발 구르기, 팔 흔들기, 꼬리 휘두르기, 머리 끄덕이기나 옆으로 기울이기 등을 포함해 신체로 표현되는 여러 가지 행동을 예로 들 수 있다. 따라서 사육주가 자신이 사육하는 비어디드의 이러한 신호를 포착하지 못하고 무심히 지나쳤다면 앞으로는 좀 더 주의를 기울여 세심하게 살펴볼 필요가 있다.

비어디드 드래곤이 아플 때 가장 흔하게 나타나는 증상은 무기력함, 활동성저하, 바닥에 납작 엎드려 있기, 먹거나 마시지 못하는 증상 등과 보통 때 사용하던 제스처를 취하지 않는 것 등이다. 한마디로 말하자면, 기력이 없어 보이거나 잘 먹지 않는다. 이러한 증상들은 질병을 앓는 거의 모든 도마뱀들에게서 똑같이 발견되기 때문에 외형적으로 나타나는 증상을 통해 정확히 어떤 병인지를 알아낼 수는 없다.

비어디드 드래곤의 질병과 예방

비어디드 드래곤은 과연 질병에 걸리지 않는 종일까? 사실은 그렇지 않다. 그러나 어쨌든 비어디드는 튼튼한 품종이고, 필자는 비어디드 사육에 관심이 있는 예비 사육자의 의욕을 꺾으려는 것이 아니다. 필자가 지금까지 기른 도마뱀들 중 가장 수월했던 종이 비어디드 드래곤이었고, 매우 훌륭한 애완도마뱀이라고 생각한다. 비어디드를 건강하게 기르기 위해서는 애초에 건강한 비어디드를 입양하는 것이 최

건강한 비어디드는 호기심이 많고 활발하며, 항상 주위를 경계하고 자극을 받으면 앞발을 딛고 상체를 완전히 들어 올린다.

우선이다. 따라서 평판이 좋고 믿을 만한 곳에서 구입하는 것이 좋으며, 새로 비어디드를 구입하면 파충류를 진료한 경험이 있는 수의사에게 검사를 받도록 하는 것이 좋다. 특별한 이상이 없어 보이더라도 최소한 분변검사는 받아야 하며, 검사 결과 기생충이 있다면 즉시 구충을 하도록 한다. 새로 입양한 비어디드는 최소 두세 달간은 격리시켜서 기생충이나 바이러스성 질병을 전염시키지 않도록 해야 한다. 비어디드를 그룹으로 사육하고 있는 경우, 만약 무리 중에 한 마리가 폐사한다면 원인을 정확히 파악해 더 이상의 피해가 없도록 조치를 취해야 한다. 이를 위해서는 수의사의 부검이 필요하며, 부검을 실시하기 전까지 폐사한 개체를 얼려두는 것이 좋다.

이 장에서는 비어디드 드래곤에게 나타나는 가장 흔한 질병에 대해 다룰 것이다. 본서에서 언급된 질병 이외에 발생빈도는 낮지만 다른 질병도 분명 존재한다. 골절, 물린 상처, 수액추출이나 먹이를 급여하기 위한 튜브를 삽입하는 등의 수술이 필요할 때도 있다. 요즈음은 CT촬영, 레이저수술이나 초음파, 내시경 등을 이용해 치료할 수 있다. 만약 비어디드가 아프다면 경험이 풍부하고 파충류를 좋아하는 수의사를 찾도록 하자. 이 장의 마지막에 실린 표 〈신체부위별 이상증상과 치료〉를 보면 수의사의 진단이나 별도의 치료가 필요한지 결정하는 데 도움이 될 것이다.

Section 02

기생충감염

생식을 하는 모든 도마뱀과 마찬가지로 비어디드는 늘 내부기생충감염에 노출돼 있으며, 오염된 사육환경으로 인해 외부기생충에 감염될 수 있다. 내·외부기생충 감염의 예방을 위해서는 꾸준한 구충과 청결한 사육환경의 유지가 중요하다.

콕시듐증
콕시듐증은 비어디드 드래곤에게 가장 흔히 발생하는 질병이다. 콕시디아는 매우 작은 원생동물인 기생충으로 숙주의 소장에 서식하고, 장관 표층세포에서 증식한다. 콕시디아의 번식과정은 미세한 접합자낭(원생동물문 포자충류가 생식세포인 접합자를 만들 때 그 주위에 만들어지는 피낭과 내용물)의 생성과 함께 끝이 나는데, 이 접합자낭은 비어디드 드래곤이 배설을 할 때 몸 밖으로 함께 배출된다. 이렇게 배출된 접합자낭들이 숙주가 되는 동물에게 먹히면 다시 감염이 된다.
필자의 딸이 기르는 릴리라는 이름의 비어디드는 자신의 배설물을 장난감인양 발로 밟으며 가지고 놀다가, 그 발로 물그릇과 먹이그릇을 건드려 물과 먹이를 콕시

디아 접합자낭으로 오염시키곤 했다. 먹이그릇에서 탈출한 귀뚜라미와 밀웜들도 그 배설물을 먹거나 주변에서 돌아다니기도 했는데, 최악의 경우는 릴리가 자신의 배설물을 조금 맛보는 것이었다. 이러한 행동은 도마뱀에게 있어서는 그리 특이한 행동이 아닌데, 중간숙주가 필요 없는 콕시디아의 직접생태주기에 따라 단 한 마리의 콕시디아가 열 마리, 백 마리로 늘어나는 결과를 가져오게 된다.

콕시디아는 비어디드 드래곤에게서만 발견되는 이소스포라 암피볼루리(Isospora amphiboluri)라는 종이 따로 있을 정도로 비어디드에게 있어서는 굉장히 흔한 기생충이다. 사육되는 거의 모든 도마뱀이 이 기생충을 보유하고 있다는 사실로 미뤄볼 때, 콕시디아는 비어디드 드래곤이 원래 가지고 있는 통상적인 보유세균일지도 모르겠다. 야생 비어디드 드래곤의 기생충 보균여부를 조사한 데이터는 아직 본 적이 없는데, 처음 미국에 수입된 비어디드 드래곤들이 우연히 콕시디아에 감염돼 있었을 수도 있다.

콕시디아는 비어디드에게 있어서는 상당히 흔하게 발견되는 기생충으로 거의 모든 비어디드가 보유하고 있다.

유입경로가 어찌됐건 간에 콕시디아는 제거돼야 하는데, 그 이유는 다음과 같다. 첫째, 콕시디아는 직접생태주기를 가지고 있고 숙주인 동물의 몸에서 고도로 증식할 수 있다. 이를 중복감염이라고 한다. 둘째, 콕시디아는 장관 표층세포에서 번식하는데 숫자가 많아지면 위장통, 설사, 소화흡수불량과 수분손실을 유발할 수 있다. 결국 이는 섭식장애, 체중감소, 2차적인 영양불균형, 2차적인 세균감염 등을 유발할 수 있다. 셋째, 외부환경에 노출되지 않은 갓 부화한 비어디드도 콕시디아에 감염되는 것으로 보이는데, 이는 모체의 자궁이나 알을 통한 감염을 의미하므로 특정 시점에서 이러한 주기를 끊어줘야 한다. 넷째, 콕시디아는 다른 파충류에게도 전염될 수 있다. 콕시디아는 숙주가 되는 동물이 다소 특정한데, 이소스포라 암피볼루리 종이 다른 파충류에 전염되는지 여부에 대한 확실한 연구결과는 아직 찾아볼 수 없지만 필자는 전염성이 있을 거라고 확신한다.

아픈 비어디드는 일반적으로 활동성이 저하되고 무기력하며 먹이를 거의 먹지 않는다. 사진의 주버나일 개체는 콕시듐증으로 진단됐으며, 초기치료에 설파제를 이용한 약물요법과 포스 피딩을 병행해 실시했다.

그럼 어떻게 콕시디아를 박멸할 수 있을까? 콕시디아를 박멸하는 것은 매우 어렵고 그리 유쾌한 일이 아니다. 그동안 항콕시디아제에 대한 연구가 불충분했기 때문에 현재는 오래 전부터 사용되던 설파제인 설파디메톡신(sulfadimethoxine)과 트리메토프림 설파(trimet-hoprim-sulfa) 두 종류 정도가 콕시디아를 박멸하는 데 흔히 사용된다. 이 설파제는 분변검사를 통해 콕시듐증이 확진된 비어디드에 한해 수의사 처방 하에 사용해야 한다.

필자가 콕시디아를 박멸하기 위해 사용하는 방법은 존경하는 동료인 존 로시(John Rossi) 박사와 리처드 펑크(Richard Funk) 박사와의 심도 깊은 대화 도중 개발된 것이다. 우리는 기생충을 완벽하게 박멸하지는 못하지만 그 수를 줄이는 방법에 대한 정보를 공유하고 있었는데, 설파제를 쓰는 것도 비슷한 결과를 유발

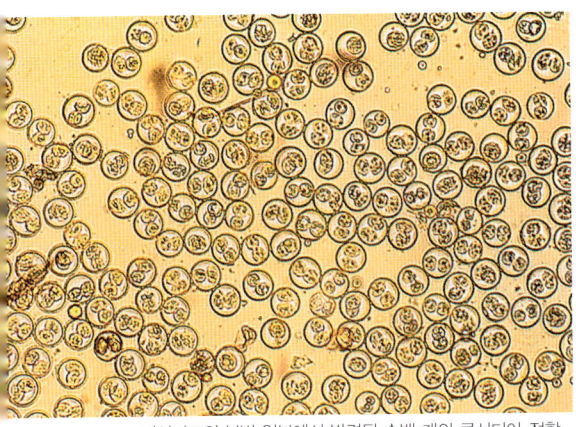
비어디드의 분변 일부에서 발견된 수백 개의 콕시디아 접합자낭(100배율로 확대한 모습)

하는 것으로 결론지었다. 필자는 설파제를 3~5일 정도 연속해서 매일 먹이고, 이후 이틀에 한 번씩 필요할 때까지 먹이는 방법을 선호한다. 콕시디아의 박멸을 위해서는 사육자가 사육환경을 철저하게 통제하는 것이 중요하다. 사육자는 습관적으로 사육장을 청소해야 하며, 콕시디아와의 접촉을 막기 위해서는 꼭 필요한 사육필수품만 남기고 사육장 주변을 정리하는 것이 필요하다. 신문지나 키친타월을 사육장 바닥에 깔아주고, 최소 하루에 한두 번은 갈아줘야 한다. 사육장에 세팅된 유목이나 틈새 및 요철이 있는 돌은 과감히 버려야 하며, 사육장 안에 비치하는 사육용품은 판지 소재로 된 것으로 선택해 매일 갈아주도록 한다. 물그릇은 단순한 모양으로 선택해 비치하고, 하루에 두 번씩 깨끗이 세척해야 한다.

적외선등과 하부열원을 사용하고, 히팅락은 제거하는 것이 좋다. 먹다 남은 먹이용 메뚜기, 밀웜, 왁스웜 또는 채소는 만 하루가 지나면 버려야 하며, 다시 이용하거나 보관했다가 다른 파충류에게 급여하는 것도 안 된다. 먹이동물이 비어디드 드래곤의 배설물 위로 기어 다니면서 콕시디아에 감염됐을 것이고, 이렇게 감염된 먹이동물로 인해 콕시디아의 번식주기가 다시 시작된다는 것을 명심해야 한다.

펑크 박사는 콕시디아를 구제할 때 비어디드를 사육하고 있는 사육장 옆에 항상 청결하게 유지되는 사육장을 하나 더 구비해놓는 방법을 선호했다. 비어디드를 깨끗한 사육장에 옮기고, 원래 있던 사육장을 청소하기만 하면 간단하다. 비어디드가 자신의 배설물, 다시 말하면 콕시디아 접합자낭에 노출될 가능성을 최소화시킬 필요가 있을 때마다 시행하면 된다. 성공적인 치료를 위해서는 이러한 과정을 6주 정도 반복해야 하기 때문에 매우 귀찮은 방법일 수도 있다. 치료가 끝나고 2~3주 후에 분변검사를 다시 받아, 기생충이 박멸된 것을 확인한 다음 다른 비어디드와 합사하도록 해야 한다.

만약 큰 규모의 그룹을 치료해야 하는 경우라면, 이런 방법은 두말할 필요도 없이 매우 어렵거나 실행이 불가능하다. 두 마리도 번거로울 텐데 200마리를 치료해야 한다고 생각해 보라. 이러한 번거로움 때문에 앞으로 콕시디아 구제를 위한 좀 더 실용적인 방법이 개발되지 않는 이상, 많은 수의 비어디드 드래곤을 기르는 전문 브리더들이 콕시디아를 박멸하기 위한 과정을 진행하기는 힘들 것이다.

감염된 개체는 가능한 한 격리사육해야 하고, 실외에 설치된 사육장이라면 바닥의 흙이나 다른 바닥재들을 교체해야 한다. 그나마 다행인 것은, 한번 치료된 비어디드 무리는 감염된 새 개체가 무리에 유입되지 않는 이상 건강한 상태가 유지될 거라는 점이다. 현재 콕시디아 박멸을 위한 신약을 개발하기 위해 활발한 연구가 진행 중이며, 이로써 콕시디아 관련 문제는 과거의 문제가 되기를 기대하고 있다.

새로운 개체를 기존의 무리에 합사하기 전에 격리기간을 가지는 것은 매우 중요하다. 필자도 여러 번 새로운 비어디드를 기존의 건강한 무리에 합사해 콕시디아에 감염시킨 적이 있었다. 새로 합사할 개체는 최소 몇 주 동안은 격리해야 하며, 격리기간 중 최소한 세 번의 분변검사를 통해 기생충 보유여부를 확인해야 한다. 주의할 점은, 설파제는 병든 비어디드에게 무차별적으로 투여해서는 안 되고 콕시듐증이 확진된 비어디드에게만 투여해야 한다는 것이다. 또한, 설파제는 탈수증세를 보이는 비어디드에게는 해가 될 수 있으므로 전문가의 관리 하에 사용해야 한다.

이러한 이유로 콕시듐증의 확진, 처방과 분변검사는 수의사에게 맡기도록 해야 한다.

콕시디아에 관해 마지막으로 주의할 것은, 콕시디아 접합자낭이 상당히 취약하다는 것은 잘못된 지식이라는 점이다. 필자가 수의과 공부를 하던 학생일 때, 어떤 종류의 동물에서는 얇은 세포벽의 콕시디아 접합자낭이 건조 혹은 삼투압현상에 의해 자연분해되기 때문에 콕

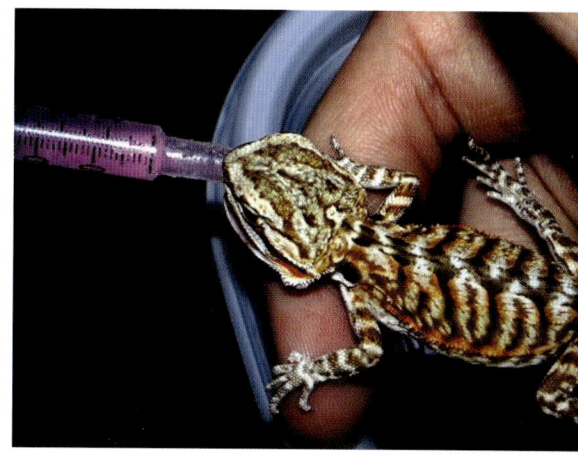

주사기로 구충약을 투여하고 있는 모습

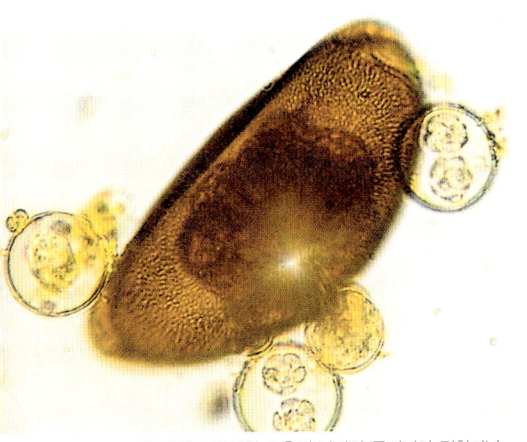
400배율로 확대한 요충의 난자와 콕시디아 접합자낭

시디아의 확진이 어려울 수 있다고 배웠다. 그러나 필자의 경험상, 이 접합자낭들은 석화된 비어디드의 대변에서도 발견되며 전혀 취약해 보이지 않았다. 심지어 필자가 여러 파충류에서 채취한 콕시디아들을 2~10%의 포르말린 용액에 넣어 보관했을 때도 그 중 일부는 계속 성장했다. 따라서 콕시디아를 제거하기 위해서는 사육장을 비눗물이나 락스용액(락스1:물30의 비율)으로 깨끗이 소독하는 것이 좋으며, 이러한 방법으로도 죽지 않고 남아 있는 접합자낭들은 외과적 처치로 제거해야 한다.

요충감염

요충도 비어디드 드래곤에게서 흔히 발견되는 기생충 가운데 하나다. 콕시디아보다는 피해가 적지만, 직접생태주기로 인해 그 숫자가 기하급수적으로 증가할 수 있다. 요충의 치료법은 논란의 여지가 많지만(Klingenberg 1997), 필자의 경험상 중복감염의 가능성이 있는 기생충은 모두 박멸돼야 한다고 생각한다. 요충은 펜벤다졸(fenbendazole, Panacur-상품명 파나쿠어)을 하루에 한 번씩 3~5일 정도 투약하고, 10일 후에 되풀이해 투여하는 것으로 어렵지 않게 구제가 가능하다. 후속조치로 모든 치료가 끝나고 3주 후에 분변검사를 실시해야 한다.

미포자충감염

엘리엇 제이콥슨(Elliott Jacobson) 박사는 세포내 기생원생생물인 미포자충에 감염돼 활력저하, 식욕부진 등의 증상을 보인 비어디드 드래곤 3마리의 사례에 대해 보고한 바 있다. 다른 양서파충류에서는 발견된 적이 있지만, 비어디드 드래곤의 경우는 엘리엇 박사가 보고한 것이 최초의 미포자충감염 사례다.

미포자충은 무척추동물에서는 불가피한 병원균으로 알려져 있으며, 먹이곤충이 감염의 원인이라고 추측돼왔다. 그러나 감염의 주요 원인은 이미 감염된 개체들에서 나오는 포자로 생각된다. 미포자충감염은 드물기는 하지만, 직접생태주기를 가지고 있고 그 포자들은 외부환경에서도 1년까지는 생존할 수 있기 때문에 수의학자들이 앞으로 눈여겨봐야 할 질병이라고 할 수 있다.

촌충감염

촌충이 확진되는 사례는 드물지만, 필자는 현재 인식되는 것보다 촌충이 더 널리 퍼져 있을 것이라고 생각한다. 만약 콕시디아와 요충에 감염된 비어디드 드래곤이 치료 후 왕성한 식욕을 보임에도 불구하고 몸무게가 늘지 않는다면 촌충의 존재를 의심해볼 필요가 있다. 볼 파이톤(Ball python)에서도 식욕이 왕성하고 건강해 보였는데 체중증가가 없었던 경우 촌충감염이 확인된 바 있다.

때때로 감염여부가 확진되지 않은 상태에서 촌충에 대한 치료가 실시되기도 하는데, 촌충치료는 비어디드 드래곤의 건강상태를 잘 아는 수의사와 의논 후에 진행해야 한다. 촌충감염여부를 확인하는 가장 일반적인 방법은 분변을 검사하는 것이다. 분변의 표면에서 편절이라고 불리는 촌충의 일부가 발견되는데, 작고 흰 쌀알 형태를 띠며, 꿈틀거리는 모양이 관찰된다. 편절에는 촌충의 알이 포함돼 있으며, 이 알은 편절이 건조될 때 외부로 유출되거나 다른 동물에게 먹힘으로써 확산된다. 촌충의 알은 일반적인 분변검사로도 확인되지만, 숙주 내 개체수가 많을 때만 분변에서 육안으로 확인할 수 있다.

치료를 위해서는 2주 간격으로 프라지콴텔(praziquantel, Droncit-상품명 디스토사이드)을 복용시키거나 혹은 주사로 투여한다. 촌충은 중간숙주를 거치는 간접생태주기를 가지고 있기 때문에, 스스로를 노출시켜 재감염이 반복되는 콕시디아나 요충과는 차이가 있다.

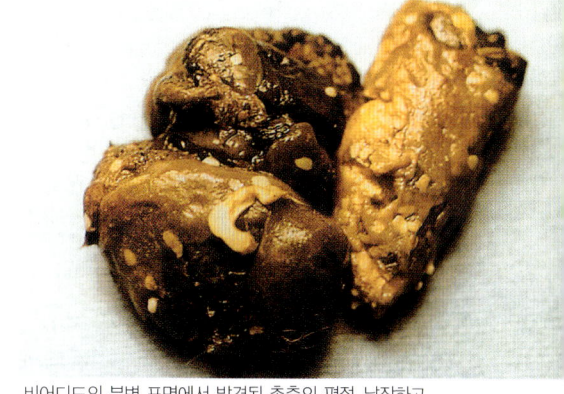

비어디드의 분변 표면에서 발견된 촌충의 편절. 납작하고 흰 쌀알 모양을 띠고 있다.

오구동물감염

찰리 이니스(Charlie Innis) 박사가 오구동물에 감염된 비어디드 드래곤의 분변샘플을 보내준 적이 있는데, 이는 필자가 비어디드 드래곤과 목도리도마뱀에 관한 하우쉴드와 보쉬의 저서(Hauschild and Bosch, 2000)에서 93마리의 비어디드 드래곤의 부검 결과 11마리가 오구동물에 감염됐다는 보고를 읽은 이후로 유일하게 직접 확인한 사례다. 오구동물은 간접생태주기를 갖고 있기 때문에 번식주기를 완성하기 위해서는 곤충이나 설치류 같은 중간숙주를 필요로 한다. 성체가 돼 폐에 이르기 전에 대규모 유충의 이주가 일어나고, 알을 낳아 분변을 통해 숙주의 몸 밖으로 배출되는 것으로 이들의 생태주기는 끝난다. 이러한 대규모의 유충의 움직임에도 불구하고 대개의 경우 특별한 증상을 보이지 않는다. 하지만 가끔 유충의 움직임이나 폐에 자리 잡은 성충으로 인해 조직에 손상을 입는 경우도 있다.
현재까지의 치료법은 대량의 이버멕틴(ivermectin, Ivomec-상품명 이보멕)을 투여하는 것인데, 이니스 박사의 연구에 의하면 이버멕틴은 유출되는 난자의 수를 줄일 뿐 유출 자체를 억제하지는 못하는 것으로 조사됐다. 그의 연구 결과는 아직 나오지 않았는데, 오구동물이 동물을 통해 사람까지 감염시킬 수 있는지는 밝혀지지 않았으므로 사육주들은 이 점을 명심해 사람에게 감염되는 일이 없도록 주의해야 할 것이다.

체외기생충감염

체외기생충인 진드기는 흔하게 나타나지는 않지만, 주위의 다른 파충류로부터 전염돼 발생하는 것으로 보인다. 비어디드 드래곤 자체에서 진드기가 발생하는 경우는 없고 뱀에 기생하는 진드기가 비어디드로 옮기며, 이는 육안으로도 관찰이 가능하다. 다른 진드기의 대처법과 마찬가지로 치료는 사육환경의 조정에서부터 시작된다. 진드기가 숨거나 서식할 수 있는 장소들을 없애기 위해 일시적으로라도 바닥재를 신문지로 바꾸고, 일주일에 두세 번은 새것으로 갈아주는 것이 좋다. 사육장 안의 사육비품들은 최소한으로 줄이고, 요철이 있거나 쪼개진 틈이 있는 돌이나 나뭇가지는 치워주는 것이 좋다. 표백제를 물에 희석(물 약 4ℓ 당 표백용기 뚜껑으로 하나)해서 사육장을 청소해주면 진드기와 알을 제거하는 데 도움이 된다.

진드기를 없애기 위해 필자가 선호하는 방식은 이버멕틴과 물을 섞은 용액(수돗물 약 1/4ℓ에 이버멕틴 5~10mg)을 사용하는 것이다. 사육장을 깨끗이 청소한 후 이버멕틴 용액을 스프레이로 충분히 뿌려주고, 물그릇과 비어디드는 사육장이 마를 때까지 밖에 둔다. 비어디드에게도 얼굴과 눈을 포함해 이버멕틴 용액을 조심스럽게 뿌린 후 건조된 상태의 사육장에 넣어준다. 비어디드와 사육장이 모두 건조된 후에 물그릇을 다시 넣어주면 된다. 이런 과정은 4~5일 간격으로 3주간에 걸쳐 지속해야 한다. 이버멕틴은 효과가 바로 나타나지는 않기 때문에 최초 구제를 한 후 며칠이 지나서도 진드기가 보일 수 있다. 이 용액은 치료 중에는 어두운 장소에 보관하면 되며, 30일이 지나면 효과가 떨어지므로 용액을 새로 만들어야 한다.

대형 실외사육장 같은 경우에는 비어디드를 일단 실내사육장으로 옮겨 위에서 설명한 대로 이버멕틴 치료를 진행하고, 실외사육장은 개나 고양이의 이 박멸에 사용되는 피레스린(pyrethroid, 살충제 종류)을 섞은 용액을 사용해 소독하는 것이 효과가 더 좋다. 비어디드는 살충제 용액이 완전히 건조된 후에 다시 사육장에 넣어야 한다. 가능하다면 치료 도중에는 비어디드를 실내사육장에서 기르고, 실외사육장으로 꼭 돌려보내야 할 경우에는 살충제가 완전히 건조된 후에 넣도록 한다. 피레스린 살충제의 독성은 대개 밀폐된 실내에서 사용됐을 때 호흡기계통에 영향을 미치는 것으로 알려져 있기 때문에 실외에서의 사용은 상대적으로 안전할 것으로 보인다.

피레스린 살충제는 잔류독성이 있으므로 어떤 제품을 쓰느냐에 따라 1주일에서 3주일 간격으로 한 번씩만 사용하도록 한다. 감염된 비어디드는 이버멕틴 치료를 4~5일에 한 번, 3주간에 걸쳐 받아야 한다. 숨을 곳도 많고 여러 가지 변수가 있기 때문에 실외에서 진드기를 구제하는 것은 쉽지 않을 수도 있다.

실외사육장에서 기르는 경우 체외기생충감염을 치료할 때는 실내사육장으로 옮겨 이버멕틴 치료를 진행하도록 한다.

Section 03

영양부족으로 인한 장애

파충류를 기를 때 가장 좋은 점 가운데 하나는 먹이활동을 가까이서 관찰할 수 있다는 것이다. 비어디드 드래곤이 먹이를 먹는 모습은 매우 인상적이다. 건강한 비어디드가 귀뚜라미, 밀웜, 왁스웜 등을 먹어치우는 모습은 상당히 역동적이어서 이러한 흥미로운 장면을 보기 위해 때때로 사육자들은 곤충만 먹이로 급여하기도 한다. 그러나 비어디드는 보통 귀뚜라미만으로도 충분히 배를 채울 수 있기 때문에 곤충만 먹이로 급여할 경우 나중에는 채소를 싫어하게 될 수도 있다. 맥밀렌, 오지와 엘리스의 연구결과(MacMillen, Augee, and Ellis, 1989)에 따르면, 야생에서의 먹이비율은 성체 비어디드의 경우 90%, 어린 비어디드의 경우 50%가 식물성 먹이로 이뤄져 있다고 한다.

칼슘결핍증

비어디드 드래곤에게서 가장 흔히 나타나는 영양장애는 저칼슘혈증(혈장의 칼슘 농도가 비정상적으로 떨어진 상태)의 형태로 나타나는 '칼슘결핍증' 이다.

골형성이형증으로 인해 꼬리가 구부러지고 휘어진 모습. 이러한 증상이 나타날 때는 즉시 칼슘보충제 투여, UVB 조사, 올바른 식단 제공이 필요하다.

■**칼슘결핍증의 원인** : 칼슘결핍증의 가장 일반적인 원인은 귀뚜라미만으로 이뤄진 식단을 들 수 있다. 먹이용 귀뚜라미는 대부분 애완용품점에서 구입하게 되는데, 대개 영양을 골고루 섭취하지 못했거나 영양보충제 등이 투여되지 않은 상태로 판매되는 것을 구입해 이용하게 된다.

때로는 동물성 먹이의 비율이 과도하게 높은 식단을 제공한 비어디드에게서도 칼슘결핍증이 나타난다.

저칼슘 식단은 부갑상선수용체를 자극하는데, 이렇게 되면 PTH(parathyroid hormone, 부갑상선 호르몬)라는 호르몬이 분비되고, PTH가 증가되면서 뼈 속 세포들을 자극시킴으로써 뼈를 분해해 혈액으로 칼슘을 내보내게 한다. 만약 비어디드에게 나타나는 주요 증상이 골연화나 다발성골절 등이라면, 이 병은 대사성골질환(MBD, metabolic bone disease)으로 볼 수 있다. 만약 경련이나 발작 같은 증상을 보인다면(보통 준성체급에서 나타나는 경우가 많다) 저칼슘혈증일 가능성이 높다. 대사성골질환이나 저칼슘혈증 모두 칼슘이 부족한 식단이 원인이다.

칼슘결핍증의 또 다른 주요 원인으로는 비타민 D_3 결핍증 또는 비타민 D 부족증을 꼽을 수 있다. 이 지용성 비타민은 칼슘의 체내흡수와 분해에 필수적인 영양소들이다. 비어디드 드래곤은 대부분의 비타민 D_3를 자외선을 이용해 피부에서 합성하는데, 자외선은 콜레스테롤로부터 파생된 비타민 D의 전구물질을 활성비타민 D_3로 전환시켜주는 역할을 한다. 만약 비어디드가 실내에서 UVB에 노출되지 않고 살아간다면 이 작용은 이뤄지지 않는다(제4장 온도와 조명 참고).

■**칼슘결핍증의 증상** : 근육이 정상적으로 수축하기 위해서는 칼슘이 필수적이다. 칼슘의 결핍은 위장관에 위치한 평활근이 연동운동에 장애를 일으켜 변비를 유발할 때와 같은 근육통과 기능장애를 유발한다. 때때로 어린 비어디드에게서 관찰되는 칼슘

결핍의 최초 증상은 복부팽만과 변비일 수 있다. 칼슘 수준이 낮은 상태로 장기간 방치되면 근육경련이 일어날 수 있는데, 발가락과 발이 떨리는 증상이 나타날 때는 즉시 칼슘영양제를 투여해야 한다. PTH 호르몬의 분비로 인해 뼈가 분해되기 시작하면 체내에는 골기질을 강화하기 위해 섬유조직이 만들어지는데, 이 섬유조직은 부러지기 쉽고 부은 상태이며, 비어디드가 움직일 때마다 고통을 주게 된다.

칼슘결핍증이 있는 비어디드는 질병을 갖고 있는 모든 비어디드에게서 보이는 증상, 즉 기력저하, 쇠약, 활동성감소 등의 증상을 초기에 보인다. 따라서 이런 증상만으로는 다른 질병과 구분이 되지 않는다. 아주 어린 비어디드라면 많이 붓고 불편해하는 모습을 보인다. 가끔 발가락과 발의 경련이 핸들링하기 전에 나타나기도 하고, 비어디드가 핸들링으로 인해 스트레스를 받기 전까지는 나타나지 않을 수도 있다. 경험상 비어디드 드래곤에게서는 관절이 붓는다든지, 턱관절이 약화된다든지 하는 것과 같은 확연한 골격의 변화를 보이기 전에 근육경련이 시작된다. 이런 패턴은 근육경련이 나타나기 전에 먼저 골격이 심하게 손상되는 이구아나 및 다른 도마뱀들과는 상반된다.

■**칼슘결핍증의 치료** : 칼슘결핍증세를 보이는 비어디드는 즉각적인 치료가 필요하며, 곧바로 칼슘영양제를 투여해야 한다. 필자는 사람에게 쓰이는 네오-칼글루콘(Neo-Calglucon, 골다공증 치료에 사용됨)이라는 칼슘영양제를 선호하는데, 사용해본 결과 다른 제품보다 흡수가 잘 되는 듯하다. 그런 다음 식단

1. 주버나일 단계의 이 비어디드는 네오-칼글루콘 시럽으로 치료를 받았는데 과도하게 투여한 시럽이 턱에 남아 굶주린 귀뚜라미의 공격을 받았다. 먹이동물이 굶주리면 비어디드를 공격할 수도 있다는 것을 명심하자.
2 칼슘결핍증을 앓고 있는 어린 개체에게 포스 피딩은 매우 중요하다. 분말로 된 탄산칼슘, 체액, 전해질보충제를 섞어 1cc 정도 주사기로 투여해준다.

신선한 채소 급여의 장점

- 채소는 섬유질, 비타민 및 기타 영양소의 중요한 공급원이다.
- 채소의 효율은 종 내에서의 수족절단을 줄일 수 있다는 것이다.
- 귀뚜라미나 다른 먹이곤충에게 채소를 것로딩해 제공할 수 있다.
- 전체 식단에서 채소급여량을 늘리고 단백질과 지방을 줄이면 수명이 연장될 수도 있다
- 채소와 다른 곤충들을 함께 급여할 경우에도 영양장애는 일어날 수 있음을 명심해야 한다.

과 사육환경을 검토해 비타민 D_3를 투여해야 하는지 여부를 결정해야 한다. 변비증상을 보이는 개체들에게는 약한 관장이나 기계적인 장 청소를 하도록 한다. 비어디드가 스스로 균형 있는 식단을 섭취할 수 있을 때까지 액상으로 된 먹이를 급여하거나 필요한 것을 먹도록 유발하는 등의 관리가 필요하다. 어떤 비어디드는 너무 약해져서 칼슘제 혹은 수액이나 먹이를 입으로 먹게 하면 흡인성 폐렴에 걸릴 가능성이 있다. 비어디드의 상태가 최악인 경우 인두절제술(반드시 자격을 갖춘 수의사가 시술해야 함)로 관을 삽입해 약과 수액, 먹이를 섭취시키는 것이 가능하다.

■**칼슘결핍증의 예방** : 모든 질병이 그렇듯이 칼슘결핍증 역시 치료보다는 예방이 더 중요하다. 본서의 사육환경관리와 먹이급여에 대한 장(3~5장)에서 이와 관련된 부분을 다루고 있으므로 잘 읽어볼 것을 권한다. 비어디드는 어렸을 때부터 여러 가지 채소를 먹는 것에 익숙해지게 함으로써 채소를 일상적인 식단의 일부로 받아들이도록 하는 것이 중요하다. 일부 어린 개체는 소량의 칼슘제를 첨가해 급여할 수 있는 사람아기용 채소이유식을 즐기기도 한다. 칼슘영양제로는 인이나 비타민 D_3가 첨가되지 않은 순수한 탄산칼슘을 쓰는 것이 좋은데, 건강보조제를 파는 곳에서 구입하거나 알약 형태의 제산제(위속의 산을 중화하는 약제)를 구입할 수 있다. 성장기의 비어디드에게는 일주일에 두세 번쯤 채소나 귀뚜라미에 칼슘을 더스팅해 급여하는 것이 좋다.

필자는 비어디드에게 비타민 D_3를 공급하기 위해 UVB램프와 분말 형태의 영양보충제 등 두 가지를 사용한다. UVB램프는 비어디드로부터 30cm 정도 떨어지도록 사육장 천장에 고정시키고 여름에는 12~15시간, 봄가을에는 10~12시간 동안 켜둔다. 시중에 판매되는 UVB램프 중에서 UVB방사량이 충분한 제품은 일부이기 때문

UVB램프를 구입할 때는 UVB방사량이 충분한 제품을 신중하게 선택하고, 정기적으로 전구를 교체해 주도록 한다.

에 구입할 때는 신중하게 선택하고, UVB방사가 충분히 유지될 수 있도록 6~9개월 단위로 전구를 교체해준다. 또한, 비타민 D_3와 칼슘이 포함된 분말 형태의 영양보충제를 먹이에 더스팅해주는데, 비타민 D_3가 많이 함유된 제품을 먹이에 더스팅해주는 것만으로도 비타민 D 중독이 쉽게 유발되기 때문에 2주에 한 번 이상은 급여하지 않도록 주의해야 한다. 칼슘 또한 적정복용량이 뚜렷한 영양소로, 과다투여될 경우 여러 가지 이상증상이 나타날 수 있으므로 급여에 주의를 기울여야 한다.

채소를 골고루 섭취하고, 양질의 건강한 귀뚜라미를 제공받는 비어디드의 경우 종합비타민제는 따로 급여할 필요는 없지만, 종합비타민제를 급여하려면 2주에 한 번으로 제한해야 한다. 좋은 음식, 영양보충제, UVB램프를 잘 이용하면 칼슘결핍증을 효과적으로 예방할 수 있다.

아데노바이러스감염

비어디드 드래곤의 아데노바이러스 관련 질병은 파충류의 다른 많은 질병과 마찬가지로 연구에 필요한 자금부족문제 때문에 잘 알려져 있지 않은 실정이다. 지금까지 아데노바이러스감염에 대해 알려진 사실은 다음과 같다. 불행히도 비어디드 드래곤에게서 아데노바이러스에 감염됐을 경우의 특징적인 증상은 나타나지 않는다. 아데노바이러스에 감염된 대부분의 개체는 식욕부진과 설사 등의 증상이 간헐적으로 나타나고, 일부는 죽기도 한다. 4주에서 12주 사이의 어린 개체들은 더 나이든 개체보다 더 자주 감염되는 것으로 보인다. 또한, 이들은 단일 질병이 아니라 두 개 이상의 질병에 걸려 있는 경우가 많다. 어린 비어디드 중에는 아데노바이러스와 콕시듐증에 동시에 감염돼 있어서 어떤 증상이 어떤 질병으로 인한 것인지 확인하기 어려운 경우도 많다. 이 경우 먹이섭취량이 감소됨으로써 저칼슘혈증을 포함해 여러 가지 영양장애를 일으킬 확률이 높다.

이처럼 동시에 발생한 질병은 서로 악영향을 끼칠 수도 있고 혹은 전혀 영향을 끼치지 않을 수도 있다. 아픈 비어디드가 아데노바이러스에도 감염된 경우 확진이 매우 중요한데, 현재 아데노바이러스 감염여부를 확실히 알 수 있는 방법은 오직 부검뿐이다. 하지만 대개의 경우 죽은 비어디드 드래곤의 내부장기에 눈으로 확인할 만한 확연한 변화가 있는 것은 아니다. 현미경으로 조직과 세포를 관찰했을 때야 비로소 바이러스 감염 시에 나타나는 핵 내의 함유물이 보이는 것이다. 이는 괴사한 간세포에서 흔히 볼 수 있다.

이러한 핵 내의 함유물 또한 추정적인 근거일 뿐 확진을 위해서는 전자현미경으로 바이러스성 미립자를 확인하는 수밖에 없다. 이는 조류나 구렁이류에서 나타나는 바이러스와는 전혀 다른 형태의 바이러스이며, 유사점이라고는 비어디드가 죽기 전에 간 조직검사를 시행하는 것이 도움이 된다는 것 정도다. 병든 비어디드에게 조직검사를 시행하는 것은 위험할지 모르지만 조직검사를 통해 얻을 수 있는 정보는 매우 유용하다. 살아 있는 상태에서의 조직검사가 죽은 비어디드를 부검하는 것보다 훨씬 낫다는 것을 명심하자. 간단한 혈액검사로 진단할 수 있는 기술은 개발돼 있으나 상용화되기까지는 파충류 사육자들과 수의사들의 수요가 절대적이다.

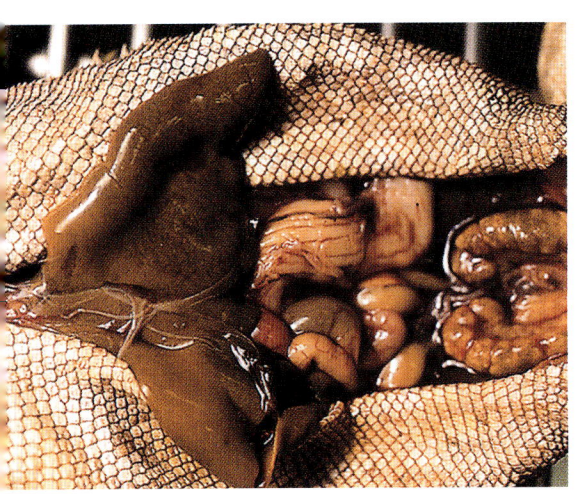

폐사된 개체의 복부를 절개해 부검을 실시한 모습. 아데노바이러스에 감염돼 간이 매우 부어 있는 상태임을 알 수 있다.

아데노바이러스 관련 질병에 대해서는 현재까지 알려진 바가 거의 없으며, 감염된 경우 특정 증상은 나타나지 않는다.

아데노바이러스에 걸린 모든 비어디드 드래곤이 사망으로 이어지는 것은 아니다. 일부는 만성적으로 약한 모습을 보이며, 천천히 회복되거나 회복되는 것처럼 보일 수도 있다. 감염개체의 생존율을 높이려면 강제로라도 먹이와 물을 먹게 하고, 때때로 항생제를 투여해 이차감염을 막는 등의 조치가 필요하다.

아데노바이러스에서 회복된 비어디드 드래곤이 얼마나 오랫동안 바이러스를 옮기고 다니는지는 아직 알려져 있지 않다. 바이러스의 전염경로에 대해서도, 구강이나 분변을 통한 노출이 아닐까 추측할 뿐 자세한 것은 아직 알려지지 않았다. 따라서 애완으로 몇 마리를 기르고 있든지, 대규모 사육을 하고 있든지 간에 바이러스는 상황을 복잡하게 만든다. 사망의 위험도 있고, 바이러스가 다음 대로 옮겨가거나, 다른 곳으로 분양됐을 때 이미 있던 다른 개체들에게 바이러스를 퍼뜨릴 가능성도 있다.

일단은 그룹 내에서 감염개체가 발견되면 그 그룹에 새로운 개체를 추가하거나 기존 개체를 빼는 것도 안 된다. 만약 미래에 바이러스 감염 후 회복된 비어디드가 6주 후에는 더 이상 바이러스를 퍼뜨리지 않는다는 연구결과가 나온다면, 사육주는 일정기간만 감염개체들을 격리하면 될 것이다. 만약 감염과 전염이 일생 동안 지속되는 과정이라는 연구결과가 나온다면 사육주는 감염된 비어디드를 그 무리 안에 계속 가둬둬야 할 것이다. 이런 중요한 판단을 내리는 데 도움을 주기 위해서라도 비어디드 드래곤에 대한 연구는 지속돼야 한다.

기타 우려되는 질병

지금까지 비어디드 드래곤에게서 흔히 발생되는 여러 가지 기생충감염과 영양적인 불균형으로 인해 발생하는 질병에 대해 살펴봤다. 이번 섹션에서는 이외에도 비어디드 드래곤을 사육하면서 발생할 수 있는 여러 가지 질병에 대해 알아보도록 하겠다.

신장질환과 통풍

모든 파충류에게 있어서 물은 질소성 노폐물을 제거하는 데 매우 중요한 역할을 한다. 비어디드 드래곤은 호주의 붉은모래사막에서 기원됐기 때문에 비어디드 드래곤의 신장은 내구성이 강하다고 알려져 있다. 사막에서 거주하는 대부분의 파충류는 체내의 물을 보존하는 능력과 농축된 요산을 배출하는 구조를 발달시키면서 극히 건조한 환경에서도 적응해 살아올 수 있었다. 신장 관련 질환은 지속적으로 증가하고 있는 추세이지만, 비어디드 드래곤의 신장발달 메커니즘에 대한 정확한 연구결과는 아직 밝혀진 바가 없다.

1. 신장질환의 초기치료 시 가장 중요한 것은 수액치료다. 주사기로 체강구멍에 수액을 투여하고 있는 모습 2. 질병을 앓고 있는 모든 비어디드의 경우 탈수증상을 보인다면 수액투여로 해결해 주도록 한다. 3. 신부전증과 내장성 통풍으로 폐사한 비어디드의 부검 표본. 이 경우 설파제가 원인으로 작용했을 수도 있는데, 설파제는 일반적으로는 안전하지만 신장손상을 일으킬 수 있다. 신체가 요산 축적에 의한 손상을 완화시키려는 반응을 하기 때문에 신장이 평상시의 2~3배로 커지게 된다.

하우쉴드와 보쉬는 93마리의 비어디드 드래곤을 부검한 결과 30%의 표본이 1차와 2차적인 내장성 통풍을 지니고 있다고 기술했다(2000년). 앞서 언급했듯이 비어디드 드래곤은 혈액 속에서 질소성 노폐물을 반드시 제거해야 하는데, 이는 불용성 물질인 요산이다. 만약 노화, 약물, 만성적 탈수로 인해 신장에 손상이 생겼을 경우 요산이 제대로 걸러지지 않아 혈액 내에 쌓이게 된다. 이렇게 고요산혈증이 심해지면 체내 장기에 요석이 축적돼 심한 염증 및 장기기능부전까지 일으킬 수 있다.

요산이 조직에 축적되면 일반적 통풍이라 하고, 그로 인해 나타나는 증상이 내부장기에 영향을 끼치면 내장성 통풍이라고 부른다. 신장의 손상으로 인한 요산의 축적은 1차적 내장성 통풍이라 하고, 신장손상이 아닌 탈수로 인한 신장질환은 고요산혈증이며 2차적 내장성 통풍이라고 불린다. 일반적으로 비어디드 드래곤에게 내장성 통풍은 질병 초기에 치료하지 않으면 죽음을 초래할 정도로 치명적이다.

내장성 통풍이 신장의 손상으로 인한 것인지 탈수로 인한 것인지는 아직 확실히 알려진 바가 없는데, 몇몇 전문가들은 야생 비어디드 드래곤이 습기가 많은 지하동굴에 은신해 있거나 체내 수분의 소모를 막기 위해 묻혀 있는 상태로 머물러 있는 것을 미뤄볼 때 탈수에 의한 것이 아닐까 추측하고 있다. 야생에서 성체 비어디드 드래곤은 주로 식물을 먹기 위해 수풀지대에 나타나며, 이는 수분공급의 주된 원천이 될 수 있다. 필자는 신장질환이 극도로 건조한 바닥재, 열등 아래에서의 과도한 일광욕, 수분을 함유한 채소를 급여하지 않은 것과 같은 관리상의 탈수요인으로 인한 것이기를 희망한다. 이러한 원인에 의해 발생된 신장질환은 쉽게 치료할 수 있기 때문이다.

칼슘과 비타민 D_3의 과다한 투여로 인한 신부전증은 다른 도마뱀, 특히 이구아나에서 흔하게 나타난다. 비타민 D_3의 지나친 급여는 과도한 칼슘의 섭취와 신장의 석회화를 초래한다. 이러한 현상은 비어디드 드래곤의 경우 보고된 바 없지만 시간의 문제일 뿐 분명 발생할 것이라고 예측된다. 정상적인 신장기능을 지닌 표본을 지속적으로 유지하기 위해서 영양급여와 같은 주제에 추가적인 연구가 진행되기를 바란다. 만약 초기에 진단이 된다면 수액을 통해 치료를 시작할 수 있고, 사육관리법에 대한 문제를 검토할 수 있기 때문이다.

탈장

탈장은 비어디드 드래곤에게 흔히 나타나지는 않지만, 만약 증세를 보인다면 재빨리 응급조치를 취해야 한다. 가장 흔한 유형은 교미 후에 나타나는 수컷의 생식기 탈장이다. 항문으로부터 탈장된 수컷의 생식기는 길이 2cm에 두께가 0.5cm에 이를 정도로 크기가 크며, 색깔은 밝거나 어두운 붉은색이다. 치료법은 탈장된 부위를 조심스럽게 닦고 윤활제를 발라

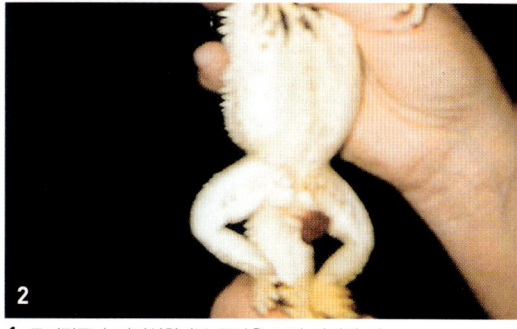

1. 무기력증과 먹이섭취거부 증상을 보인 사진의 성체 수컷의 경우 생식기의 불룩하게 솟아오른 부분(hemipenal)에서 농양이 발견됐다. 농양의 원인은 밝히지 못했고, 괴사된 조직을 제거한 후 항생제 연고와 복용약 처방을 받았다. **2.** 직장탈장을 보인 사진의 비어디드의 경우 감염된 요충의 무게와 관련이 있었다. 직장탈장은 즉각적인 치료를 요하는 질병이다.

준 후, 윤활제를 바른 면봉으로 부드럽게 원래 자리로 밀어 넣으면 된다. 문제는 발견 시점에 이미 너무 붓고 염증이 심해 터뜨리지 않고는 다시 제자리로 집어넣을 수 없을 때다. 만약 이 조직이 너무 부어올랐거나, 건조되기 시작했거나, 비어디드가 사육장 바닥에 끌고 다녀서 손상 정도가 심하다면, 조직 내 혈액공급에 문제가 생겨 결국 절단해야 한다. 탈장과 관련해서는 많은 변수가 있을 수 있으므로 바로 수의사에게 데려가는 것이 가장 좋은 방법이다. 탈장된 조직은 생존성 여부를 확인한 후 제자리에 봉합할 수 있다.

더욱 위험한 것은 직장조직 탈장인데, 이는 탈장여부를 정확하게 판가름하기가 훨씬 어렵다. 비어디드 드래곤은 생식기는 없어도 살 수 있지만 직장이 없으면 생존이 불가능하므로 직장탈장은 더 정확하고 빠르게 대처하는 것이 중요하다. 직장탈장은 대개 만성적인 염좌가 원인이므로 만성적인 염좌에 시달리는 비어디드라면 기생충감염 여부, 위장 내 감염, 변비, 장폐색, 암컷의 경우라면 알을 품고 있는지 등을 확인해봐야 한다. 또한, 직장탈장은 올바른 원인의 규명과 치료가 이뤄지지 않으면 재발할 수 있으므로 주의해야 한다.

알막힘

암컷 비어디드가 임신했는지의 여부를 확인하기 위해서는 번식에 관해 다룬 제7장을 읽어보기 바란다. 비어디드 드래곤의 번식주기에 대해 기본적으로 이해하고 있으면 문제가 생겼을 때 해결하는 데 도움이 된다. 암컷의 임신여부는 불룩한 배나 늘어난 체중 등을 통해 쉽게 확인할 수 있다. 손가락을 조금 오므린 채 손바닥 위를 기어가게 해보면, 대개는 배 쪽에서 포도알 크기의 알이 느껴진다.

행동학적으로 보면, 임신한 암컷들은 끊임없이 땅을 파고 다리를 쪼그렸다 펴기를 반복하며, 새로운 장소

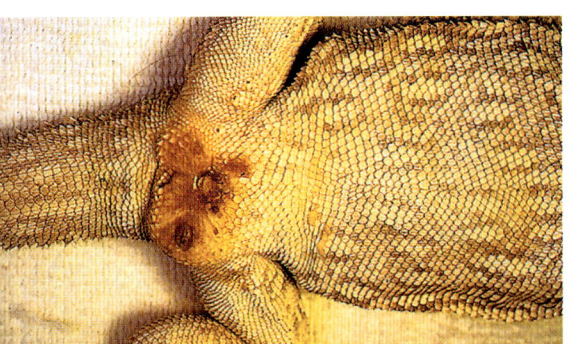

총배설강에 농양이 생긴 성체 암컷의 모습. 이러한 경우 바위 등의 구조물과 바닥재가 지나치게 거친 것이 원인일 수 있다. 지속적인 마찰로 인해 생긴 찰과상으로 2차 감염이 일어났고, 사육자가 발견했을 때는 증세가 꽤 심한 상태였다.

임신한 암컷이 칼슘결핍증으로 인해 근육이 약화되면 산란하는 데 어려움을 겪을 수 있다.

로 옮겨 같은 행동을 반복한다. 또한, 신경질적이고 피곤해하며, 알 무게가 주는 불편함과 곧 다가올 산란에서 비롯된 초조함 때문에 먹이를 잘 먹지 않게 된다. 암컷 비어디드가 알을 바로 낳을 것처럼 보이지만 산란에 어려움을 겪고 있을 때 이를 해결할 수 있는 가장 쉬운 방법은 알을 낳을 만한 장소를 제공해주는 것이다. 만약 산란하는 데 계속 문제가 있다면 바로 수의사를 찾아가야 한다. 이런 증상의 가장 흔한 원인은 잠복성 칼슘결핍증에 의한 근육약화다. 이 경우 칼슘 수준은 관련된 다른 증상들이 나타날 만큼 낮지는 않지만 난관의 근육수축에 영향을 줄 정도가 된다.

일부 비어디드는 기생충, 영양소결핍, 바이러스나 세균 등에 의해 중복적인 문제를 가지고 있을 수도 있다. 만약 그대로 놔둔다면 암컷의 생명에 큰 지장을 줄 수 있으므로 즉각적인 조치를 취해주는 것이 좋다. 이때 바로 올바른 진단을 내리고 치료를 해서 알을 낳을 수 있게 하는 것이 가장 중요하다. 경우에 따라 암컷의 생명을 구하기 위해 외과적 처치가 필요할 수도 있다.

호흡기감염

다른 도마뱀들과 비교했을 때, 포고나(*pogona*)속의 도마뱀들은 호흡기감염이 잘 발생하지 않는 편이다. 그러나 낮은 온도이기는 하지만 휴면을 취할 정도까지는 아닌 수준의 저온에 지속적으로 노출되면 호흡기감염이 일어날 수도 있다.

가장 흔한 호흡기질환의 증상으로는 입을 크게 벌리고 있는 것, 숨 내쉬기를 힘들어하는 것, 목이 붓는 것, 몸이 부어 보이는 것 등이 있다. 아주 심한 경우에는 가래가 차올라 콧구멍으로 흘러나올 수도 있다. 치료 시에는 비어디드 드래곤이 원래 사막에서 살던 종임을 명심해야 한다. 증상이 심하지 않을 경우에는 낮 동안 30℃ 내외가 될 수 있도록 사육장의 온도를 높여줌으로써 면역체계를 활성화시켜 비어디드가 스스로 질병을 이겨낼 수 있도록 해준다. 만약 증상이 지속되거나 악화된다면 수의사에게 항생제를 처방받아야 한다. 필자는 입벌림 증상이 기생충이 많거나 열이 나는 비어디드에게서도 나타난다는 연구결과를 보고한 바 있다. 호흡기 감염은 보통 저체온증과 연관돼 있다.

눈 관련 질병

비어디드 드래곤은 눈이 붓고 눈곱이 끼는 증상을 자주 겪는 것으로 보고돼 있다. 이러한 증상에 대해 흔하게 받아들여지는 가설은, 사육장에 바닥재로 깔아주는 모래의 흙먼지가 눈을 자극해 결막염을 일으키고 이것이 감염에 의해 악화된다는 것이다. 하지만 이런 가설은 비어디드가 원래 호주의 붉은사막지대에서 살던 동물이며, 이들이 모래에 계속 노출돼왔음을 고려할 때 쉽게 납득하기 어렵다.

그러나 어찌됐건 간에 정제되지 않은 실리카 모래나 칼슘으로 된 모래입자가 제3안검 뒤로 들어간다면 심한 자극이 되는 것은 틀림없다. 이러한 문제는 모래바닥재를 신문지로 몇 주 동안 대체하고, 인공눈물연고나 안약을 하루에 두세 번씩 몇 주 정도 투여하면 호전된다. 안약과 연고는 눈에 수분을 공급하고, 혹시 먼지가 있다면 씻어내는 역할을 한다. 하지만 이렇게 해도 증상이 나아지지 않는다면 항생제가 들어있는 안약이나 연고를 써야 할지도 모른다. 가끔은 바닥재를 교체하는 것이나 안약으로도 증상이 나아지지

모래 바닥재는 종종 안과질환의 원인이 된다. 부풀어 오르거나 염증 등 안과질환이 생겼을 경우 인공눈물로 세척하며, 치료가 어려운 경우 즉시 수의사의 치료를 받도록 한다.

않는 경우가 보고된다. 눈 관련 질환의 다른 원인으로는 알레르기, 영양상태, 외상이나 바이러스성 감염이 있다. 언젠가 필자가 안과질환을 앓고 있던 비어디드 드래곤의 제3안검을 외과적으로 처치해준 적이 있었는데, 이 비어디드의 경우는 모래입자가 아닌 다른 형태의 이물질이 문제를 일으켰던 것으로 기억한다.

꼬리 및 신체 말단부 유실

어린 비어디드의 경우 사육장 내의 동료들에 의해 꼬리 일부분과 발가락이 잘리는 일이 가끔 일어난다. 다른 도마뱀들과 달리 비어디드 드래곤은 자기방어수단으로 꼬리를 자르지는 않는다. 또한, 꼬리나 발가락이 한번 유실되면 다시 자라지 않는다. 다행히도 비록 잘린 부위를 먹는다 하더라도 감염이 일어나는 일은 별로 없다.

비어디드를 기르다 보면 꼬리 끝이 검게 변하다가 번져서 결국 꼬리 일부를 잃는 경우가 생길 수 있다. 일반적으로 이러한 형태의 꼬리 손실을 꼬리썩음병(tail rot)이라 하는데, 꼬리썩음병의 원인은 두 가지로 설명된다. 첫 번째는 꼬리를 씹히거나, 돌 등에 뭉개지거나 깔려 발생되는 외상 때문이다. 두 번째는 낡은 허물이 탈락되지 않고 꼬리 끝에 쌓이기 때문이다.

꼬리썩음병이 발생했을 때 제일 먼저 해야 할 일은 손상된 꼬리 부위를 과산화수소 용액에 담가주는 것이다. 이는 탈피된 껍질을 부드럽게 해서 손쉽게 제거할 수 있도록 도와주고, 감염된 부위를 소독하기 위해서다. 베타딘(Betadine)에 담그는 것 또한 감염부위를 치료하고 꼬리썩음병이 퍼지는 것을 억제해준다. 이 방법이 효과가 없다면 수의사의 진단을 받는 것이 좋다. 제일 좋은 방법은 미리 예방을 해주는 것이다. 어린 비어디드는 격리해서 잘 먹이고, 꼬리에 외상을 유발할 수 있는 조경물은 설치하지 않도록 하며, 탈피된 껍질이 떨어질 수 있도록 비어디드를 얕은 물그릇에 담가주도록 한다.

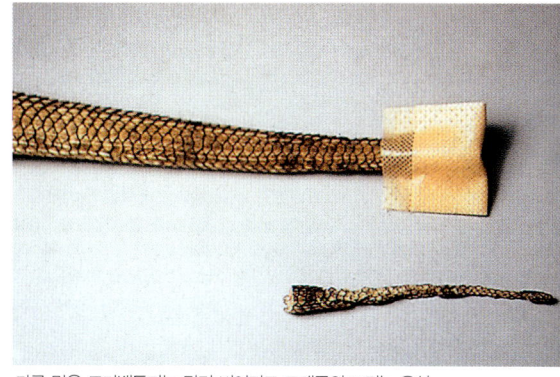

다른 많은 도마뱀들과는 달리 비어디드 드래곤의 꼬리는 유실되면 다시 자라지 않는다. 사진의 비어디드의 경우 사육자의 부주의로 사육장 뚜껑에 꼬리가 끼면서 끝부분이 절단됐다.

신체부위별 이상증상과 치료

신체부위	증상	가장 흔한 원인	치료
눈	부풀어 오르고 염증이 있다.	안과질환을 초래하는 이물질은 보통 모래 바닥재나 칼슘모래 제품과 관련이 있다.	염증부위를 인공눈물이나 연고로 씻어내고, 치료될 때까지 바닥재로 신문을 사용한다. 2차 감염을 막기 위해 항생제 연고가 필요할 수도 있다.
코	콧구멍이 막혀 입을 벌린 채 호흡한다.	호흡기감염으로 인한 건조한 분비물	증상이 완화될 때까지 매일 2회 연고를 발라주는데, 그 전에 무디고 가느다란 기구로 막힌 것을 제거해줘야 한다. 혹 호흡기질환으로 발전되는 징후가 나타나는지 잘 관찰해야 한다.
	생채기가 있고, 붓거나 또는 코가 벗겨진다.	주둥이의 찰과상	보통 다른 도마뱀보다는 발생빈도가 훨씬 낮다. 사육장의 크기와 은신처의 적합성을 점검하고, 날카로운 모서리가 없는지 확인한다. 가벼운 찰과상은 Neosporin[1] 또는 Polysporin으로 치료할 수 있다.
입	약간의 뒤틀림, 출혈, 점성 분비물 또는 고름 같은 구토, 과도한 타액 분비	전염성 구내염	비어디드 드래곤에서는 드물다. 일반적으로 저칼슘증의 2차적인 증상으로 보이며, 약화된 입부분의 조직에 나타난다. 온도를 높여주고, 적절하게 경사진 일광욕 장소를 제공한다. 벗겨지고 죽은 조직은 모두 제거하고 희석된 베타딘으로 부드럽게 입주위의 조직을 깨끗이 닦아준다. 증상이 심한 경우 수의사 진단하에 항생제 처방을 받고, 사육환경을 점검한다.
목	팽창하거나 부풀고, 불룩해진다	보통 호흡기감염과 연관돼 있다.	사육온도를 높여준다. 만약 비어디드의 호흡이 곤란해 보이면, 부드럽게 입을 열고 입안과 목을 확인해 분비물들을 제거해준다. 증상이 심하면 수의사의 진단을 받아야 한다.
호흡기계 (성문/호흡관)	입을 크게 벌리고 호흡한다, 부자연스러운 숨쉬기, 숨이 찬 모습, 거품과 과도한 침	호흡기감염. 과열됐을 때나 위협하는 행위로서 간헐적으로 입을 크게 벌림	사육온도를 높여준다. 호흡이 곤란해 보이면, 부드럽게 입을 열고 입안과 목을 확인해 분비물들을 제거해준다. 증상이 심하면 수의사의 진단을 받아야 하며, 진단결과에 따라 항생제, 건조제, 거담제를 투여할 수 있다. 필요한 경우 연무요법을 시행할 수도 있다.
신경계	기운저하, 식욕감소, 쇠약, 정상적인 행동결여	아픈 비어디드 드래곤에게서 흔히 나타나는 증상이 보이지만 원인은 명확하지 않다.	비어디드가 기생충, 바이러스, 영양결핍, 세균매개물 등의 영향을 받았는지 여부를 확인하기 위해 파충류 수의사에게 진단을 받아야 하며, 최소한 분변검사는 시행해야 한다.
	머리 기울이기, 균형 상실, 변형된 걸음걸이, 뒤집기	내이염. 두부외상, 과열, 세균성 수막염, 독소와 바이러스 등이 원인이 되기도 한다.	내부감염은 전신항생제가 필요하고 중추신경계 장애는 스테로이드계 항염증성 약물을 필요로 할 수 있으므로 수의사의 진단이 필요하다. 정확한 진단과 적극적인 치료가 필요하다.

[1] 네오스포린(Neosporin), 폴리스포린(Polysporin)-미국에서 판매되는 상처치료 연고. 우리나라의 후시딘 연고와 유사하다.

신체부위별 이상증상과 치료

신체부위	증상	가장 흔한 원인	치료
신경계	떨림, 신체기능저하, 경련	저칼슘혈증, 저혈당, 외상, 세균이나 바이러스 감염, 독소 등을 포함해 여러 가지 잠재적인 원인이 많다.	진단은 저혈당과 저칼슘혈증을 구분하는 것이 중요하다. 저칼슘혈증이면 약한 근육 떨림과 경련이 있는데 이는 중추신경계에서 유발되는 발작과 다르며, 잠재적으로 생명을 위협한다. 필자가 경험한 가장 일반적인 원인은 주버나일 단계의 저칼슘증이었는데, 이 시기에는 저칼슘혈증 치료에 반응이 잘 나타난다.
피부	탈피 시 떨어지지 않고 가장자리에 남아 있는 건조한 피부껍질	남아 있는 탈피껍질	탈피껍질이 살짝 붙어 있는 경우, 물속에 넣고 부드럽게 피부를 문질러주면 된다. 단단히 붙어 있는 경우 피부가 찢어지지 않도록 너무 힘을 주지 말고 조심스럽게 시행해야 한다. 적신 물이끼를 넣은 밀폐용기에 넣어두고 껍질이 벗겨지기를 기다려도 된다. 사육장에 가볍게 분무하는 것도 탈피에 좋다.
	피부건조, 쭈글쭈글해짐, 비늘이 둘러붙음	진드기 또는 세균에 의한 피부손상으로 발생한 2차적인 분비물이 들러붙은 것이다. 또한, 일광욕 조명에 화상을 입었을 가능성도 있다.	진드기가 있는지 주의 깊게 살펴보고, 발견되면 외부기생충 섹션을 참고해 치료를 실시한다. 실바덴(Silvadene, 화상치료용 연고), Neosporin, 또는 Polysporin 등의 항균 크림을 매일 두 번 상처가 완전히 아물 때까지 발라준다. 크림이나 연고를 발라주는 동안에는 바닥재로 신문지를 깔아주는 것이 좋다. 해결되지 않는 병변에 대해서는 수의사의 진단을 받도록 한다.
	농양, 낭종	단단한 육아종(보통 감염과 관련된 빨갛게 부은 육아조직의 덩어리), 드물게는 종양	수의사의 진단을 받아야 한다. 가는 바늘을 이용해 생체조직을 떼어내 검사(침생검-Needle Biopsy)하면 빠르고 간단하다. 치료는 일반적으로 수술로 제거하는데, 절개 및 괴사조직제거로 이뤄진다. 치료과정은 원인에 따라 달라지는데, 일반적으로 농양이 원인이라면 같은 사육장의 개체들을 격리시켜야 한다.
몸	잘 먹고 있는데 체중이 증가하지 않는다. 행동은 상대적으로 정상	기생충	분변검사가 필수다. 기생충감염이 진단되는 경우 기생충치료에 대한 섹션을 참고하기 바란다. 콕시디아는 제거하기 어렵지만 노력할 가치가 있다. 콕시디아나 요충 같은 직접생태주기를 갖고 있는 기생충에 감염된 경우 비어디드 드래곤을 치료하는 동시에 사육환경을 조정하는 것이 매우 중요하다. 편절(촌충류의 각 마디) 또는 알이 발견되지 않은 경우에도 요충감염의 가능성이 있다.

신체부위별 이상증상과 치료

신체부위	증상	가장 흔한 원인	치료
몸	숨이 차고, 부은 모습	암컷이 임신했을 때, 호흡기감염	임신한 암컷은 산란할 때가 가까워지면 통통하게 느껴지는 경향이 있으므로 이런 증상이 보이면 알 낳을 장소를 마련해준다. 만약 입을 벌리고 호흡이 곤란하며, 과도한 타액분비 등을 동반한다면 호흡기감염을 의심해봐야 한다. 치료와 관련된 부분은 호흡기 부분을 참고한다.
위장	숨이 차며 붓고, 배변 시 힘들어 한다. 꼬리를 휙 움직이며, 복부의 접촉을 피하기 위해 선 자세로 있다.	변비, 위장 내 이물질	식단에 채소를 추가해주는 것이 문제를 해결하는 데 도움이 된다. 분변덩어리를 만져 상태를 확인해본다. 온수관장[2]이 필요할 수도 있고, 진정제를 주사하고 대장을 촉진해야 할 수도 있다. 문제가 해결되지 않는 경우 또는 딱딱한 덩어리가 만져지는 경우 잠재적인 이물질을 확인하기 위해 X-ray 촬영이 필요하며, 이때 예비수술이 필요할 수 있다.
	악취가 나고, 무른 변을 본다.	위장염, 기생충	분변검사가 필수적이다. 설사에 항생제 치료가 효과 없는 경우 분변배양검사가 필요할 수 있다.
	체중감소, 허약, 식욕감소	기생충	분변검사가 필수적이고, 기생충이 진단되는 경우 기생충 치료 섹션을 참고한다.
근육/골격	움직이는 걸 꺼려함, 다리가 붓고 고통스러워함, 비뚤어지거나 뒤틀린 꼬리, 약한 턱	대사성골질환(MBD), 칼슘결핍	칼슘결핍증은 인을 과다섭취했거나 비타민 D_3의 부족, 칼슘부족으로 발생될 수 있다. 증상이 가벼운 경우 식단수정 및 칼슘보충제로 치료가 가능하다. 매우 고통스러워하고 먹이먹기를 꺼려하는 경우 칼슘주사와 비타민 D_3(바람직한 식단을 제공해왔을 경우) 공급으로 치료할 수 있다. 영양 관련 장을 참고한다.
	융합 왜곡된 척추골	MBD의 후유증(병적 상태는 질환의 결과)	칼슘결핍증을 겪는 동안 뼈가 망가져 더 부서지기 쉽고 약해짐으로써 병적 골절[3]로 이어진다. 칼슘을 흡수하게 되면 이전의 약하고 골절된 부분은 전체적으로 보완되고 뼈 덩어리를 형성한다.

[2] 온수관장-호스가 달린 주사기를 이용해 따뜻한 물을 주입해서 관장하는 것을 말한다.
[3] 병적 골절-병으로 인해 뼈가 쉽게 부러지는 상태가 돼 약한 힘에 의해서도 골절이 일어나는 현상

CHAPTER 07

비어디드 드래곤의 번식과 실제과정

비어디드 드래곤을 번식하기 전에 기본적으로 알아야 할 사항들에 대해 살펴보고, 실제적인 번식의 전반적인 과정에 대해 알아본다.

번식 전 알아야 할 것

한때 많은 미국인들이 미국 내에서 가장 인기 있는 애완도마뱀 중 하나인 비어디드 드래곤의 수요가 높아지자 이를 충족시키기 위해 번식사업에 참여했다. 그러나 사업에 참여한 사람들 대부분이 적자에 허덕이거나, 수익성이 거의 없어 그리 오래 유지하지 못했으며, 현재는 대부분 폐업한 상태다. 실내에서 많은 수의 비어디드를 사육하기 위해서는 사육공간과 사육장비, 전기료, 먹이 및 유지관리 비용이 상당히 많이 소요된다. 따뜻한 지역이라면 온실 같은 야외사육장에서 기르는 것이 훨씬 경제적이지만, 불개미와 악천후 또는 예측 불가능한 날씨 등과 같은 또 다른 문제가 발생할 수 있다.

양서류와 파충류를 사업적으로 번식해본 사람들은 '파충류 번식은 정말 자신이 좋아서 해야 하는 일'이라고 이구동성으로 말한다. 대다수가 혹독한 사업이라고 표현할 정도로 해야 할 일이 많기 때문이다. 만약 전문적인 브리더로서 성공하고자 한다면 시장조사를 철저히 하고, 번식된 개체의 효과적인 판로를 찾아내며, 종축(breeding stock, 품종의 개량증식을 위해 이용되는 개체)의 현황을 꾸준히 기록하

임신한 암컷(왼쪽)이 수컷(오른쪽)에 대한 반응으로 앞다리를 흔들고 있다.

1. 한편에는 개별 우리, 다른 한편에는 새끼양육용 사육장이 세팅돼 있는 온실사육장. 온실은 전문적으로 번식할 때 전기료 절감의 효과가 있다. 2. 탈출을 방지할 수 있도록 우리의 벽을 부드러운 유리섬유로 막은 야외번식시설. 필요에 따라 플라스틱이나 그늘막을 덮어줄 수 있다.

고, 소요비용과 예상수익을 신중하게 예측해야 한다. 또한, 가능한 한 소요되는 비용을 줄이면서 훨씬 아름답고 건강한 개체를 생산할 수 있는 방법을 모색해야 한다. 애완파충류시장은 매우 경쟁적이며 빠르게 변화하고 있다. 현재 인기 있는 종들이 몇 년 후에는 인기가 없는 종이 될 수도 있고, 지금은 보기 드문 종이지만 향후에는 애완동물시장에서 표준적인 종이 됨으로써 모든 사육자들이 한 쌍씩 기르는 종이 될 수도 있다.

기록의 보존

비어디드를 전문적으로 번식하려는 사육자라면 관련된 모든 기록을 잘 보존해야 한다. 이 기록에는 각 개체에게 부여된 번호, 한배의 알들의 부모개체, 암컷이 낳은 알의 숫자, 성공적으로 부화한 알의 개수 등이 포함된다. 각 개체마다 번호를 붙여 분류한 다음 사진으로 찍어두면, 컴퓨터에 디지털 파일로 저장했다가 번식프로그램을 계획할 때 손쉽게 활용할 수 있다. 이렇게 하면 시간을 절약할 수 있고, 사육하고 있는 모든 개체를 일일이 살펴보는 것보다 전체적으로 폭넓게 관찰할 수 있다.

한배의 모든 알에는 부모개체와 산란날짜를 표시해야 하며, 부화온도와 부화기간 등도 지속적으로 기록해야 한다. 보통 비어디드 드래곤은 처음 3년 동안은 비교적 알을 잘 낳지만 이후부터는 산란숫자가 크게 감소되기 시작한다. 따라서 생산을 최적화하기 위해서는 시기에 맞춰 종축을 교체하는 것이 좋다. 종축을 교체하기에 앞서 계획을 세워야 하는데, 만약 자신의 고유혈통을 개량하거나 또는 기존의 혈통을 유지하는 것이 목표라면 프로그램에 가장 적합한 개체를 식별하는 데 있어서 앞서 보존한 기록들이 중요한 자료가 될 것이다. 전문브리더의 경우 소요경비 및 판매금액을 꼼꼼하게 기록해야 하는데, 이러한 기록들을 잘 활용하면 사업의 효율성을 높일 수 있다.

선택적 번식

선택적 번식은 크기, 건강, 번식능력 등 생장력은 유지하면서 해당 혈통에 색깔 등의 특정한 형질을 고정시키기 위해 원하는 특성을 가진 개체와 교배시키는 것을 말한다. 현재 시중에 유통되는 매력적인 모프의 비어디드는 대부분 이와 같은 번식방법을 통해 개량된 것이다. 선택적 번식에 있어서 근친교배(inbreeding, 한배의 수컷과 암컷, 부개체와 딸개체 같이 가까운 혈연개체 간에 교배하는 번식방법)가 일반적이며 필수적인 번식방법이지만, 이것이 여러 세대에 걸쳐 광범위하게 적용된다면 해당 혈통의 생장력이 감소될 수 있다. 따라서 선택적 번식으로 좋은 특성을 유지하면서, 생장력을 증가시키기 위해 혈연이 아닌 유전자 풀을 통해 이종교배(outcrossing, 서로 다른 종을 교배하는 번식방법)를 적용해야 한다.

이종교배

근친교배의 반대개념인 이종교배는 혈연이 아닌 개체의 좋은 형질을 번식개체에 고정시킴으로써 혈통의 생장력을 유지하거나, 특성을 추가하기 위한 번식방법이다. 예를 들어 저먼 자이언트 비어디드 드래곤은 크기, 번식력, 생산능력을 증가시키기 위해 다른 혈통의 비어디드와 교배시킨 것이다. 이종교배해서 나온 1세대 자손은 화려한 빛깔의 부모개체와 거의 비슷하게 태어날 수 있는데, 이렇게 이종교배된 1세대 개체를 다시 근친교배시키면 원하는 형질이 나타날 비율이 높아진다. 사육자가 원하는 형질을 고정시키거나 강화시키기 위해 선택적 번식을 적용시킬 수 있다.

1. 많은 브리더들이 샌드화이어 드래곤과 이종교배된 레드/골드 비어디드 혈통을 보유하고 있는데, 양쪽 모프의 특성이 잘 결합돼 있다. **2.** 한배의 새끼로 보이는 랜킨스 비어디드 드래곤. 형제 또는 자매 간에 이뤄지는 근친교배는 선택적 번식의 일반적인 방법이다.

Section 02

번식의 과정

비어디드 드래곤을 번식시키기 위해서는 우선 건강하고 젊은 성체 수컷과 암컷이 최소한 한 마리씩 있어야 한다. 다음은 암수를 합사시키고, 휴면 또는 휴지기(보통 첫 번째 번식기가 지난 후)를 갖도록 환경을 조성해줘야 한다. 암수가 완전히 성숙해지면 사육조건에 상관없이 휴면을 하려는 경향이 있다. 사육 하에서는 휴면이 끝나고 난 후 번식이 시작되는데, 이는 봄에 시작돼서 종종 가을까지 이어진다.

많은 사육자들이 비어디드 드래곤을 각각 한 쌍씩 사육했을 때 번식에 성공할 확률이 가장 높다고 주장하는데, 작은 실내사육장에서 사육할 경우에는 이것이 맞는 말일 수도 있다. 필자가 경험한 바로는 한 마리의 수컷과 두 마리의 암컷, 즉 세 마리를 함께 길렀을 때 좋은 결과를 가져왔다. 전문브리더에게는 필요 이상의 많은 수컷을 유지하는 경우 상당히 많은 비용이 소요되는데, 최소한 182x76cm 이상 되는 큰 사육장에 기를 경우 수컷 두 마리와 암컷 네 마리로 유지하는 것이 가장 효율적인 비율이다.

번식의 패턴

사육조건이 철저한 환경 하에서 길러지는 비어디드 드래곤의 경우 생후 5~6개월부터 번식을 시작하며, 첫 번째 맞는 겨울까지 번식이 지속될 수 있다. 생후 12개월 된 비어디드의 경우 철저한 환경 하에서 기르면 세 번까지 알을 낳을 수 있고, 12~24개월 사이에 일곱 번을 낳을 수 있다(첫 번째 휴면 전에 2~3회, 휴면 후에 4~5회). 상대적으로 사육환경이 덜 철저한 실외 온실사육장에서 기를 경우에는 첫 번째 휴면이 왔다 해도 생후 12~15개월까지도 성적으로 완전히 성숙하지 못할 수 있다. 일반적으로 생후 18개월이 되면 세 번의 알을 낳을 수 있고, 온실환경에서 두 번째 휴면이 지나면 일곱 번의 알을 낳을 수 있다. 3년이 되면 3~4회 낳게 된다. 이러한 패턴은 성장이 빠르고 번식률이 높은 다른 여러 도마뱀 종들을 통해 관찰한 결과다. 암컷은 처음 2~3년 동안 높은 번식률을 보이지만 그 이후 서서히 알을 낳는 숫자가 줄어든다. 6년이 되면 산란개수가 매우 적고, 7년이 되면 알을 낳는 것을 거의 중단하게 된다. 따라서 전문적으로 번식을 계획하고 있는 경우 크고 완전히 성숙한 암컷보다는 한 살짜리 비어디드를 구입하는 것이 최고의 결과를 만들 수 있는 방법이 될 것이다.

대형 플라스틱 통을 개별 사육장으로 비치한 온실사육장. 폴리우레탄 폼 판넬을 덮어 그늘막으로 이용하고 있다.

시각적 자극과 비어디드의 번식

비어디드 드래곤은 파충류 중에서도 번식이 비교적 쉬운 종류다. 따라서 사육조건만 제대로 갖춰준다면 누구나 쉽게 번식시킬 수 있지만, 번식에 실패하는 사육자가 의외로 많다. 이처럼 비어디드가 번식이 쉬운 파충류임에도 불구하고 실패하는 이유는 잘못된 사육환경 때문이라고 생각한다. 비어디드 드래곤은 주행성 동물이며, 시각적인 자극에 의해 번식행동이 유도된다는 것을 알아야 한다.
작은 형광등과 백열등을 비치한 가로 90cm의 사육장에 비어디드 한 쌍을 기르는 경우를 예로 들어보자. 이 비어디드는 기른 지 2년이 지났지만 번식의 기미가 전혀 안 보인다고 한다. 이 경우 작은 사육장과 낮은 조명수준이 문제가 된다. 번식에 실패하는 가장 일반적인 이유는 사육장이 너무 작다는 것이다. 비어디드는 크고 넓은 사육장에서 번식과 관련된 사회적인 행동을 하게 되고, 이에 따라 시각적 자극을 받음으로써 번식행동이 유도되는 것이다. 번식에 실패하는 또 다른 이유는 조명조건이 불충분하기 때문인데, 사육장의 조명수준이 낮은 경우 번식에 실패할 수 있다.
유명한 비어디드 전문가가 개발한 번식을 유도하는 아주 간단한 방법을 소개하면 다음과 같다. 우선 비어디드를 사육장에서 꺼내 밝은 조명이 비춰지는 방안의 바닥에 둔다. 그대로 두면 몇 분 내로 수컷은 머리를 상하로 흔들 것이고, 짝짓기를 위해 암컷에게 다가갈 것이다. 이때 만약 암컷이 거부하지 않는다면 교배에 성공해 많은 양의 알을 낳게 될 것이다.

번식 전 환경조건과 겨울철 휴면

사육 하에서 대부분의 비어디드 드래곤은 보통 생후 두 번째 겨울이 시작될 때 휴면기를 거치게 된다. 이 시기 동안 비어디드는 활동을 멈추고 은신처에서 오랜 시간을 보내게 되며, 먹이섭취량이 줄어들거나 아예 먹지 않는다. 이 휴면 시기는 비어디드 드래곤의 장기적인 번식을 도모하기 위해서는 필수적인 것으로 보인다.

일반적으로 대부분의 성숙한 비어디드는 어떠한 사육환경 하에서 자라더라도 휴면에 들어가게 되지만, 사육환경의 변화가 휴면을 시작하는 데 영향을 주기도 한다. 실외나 온실환경에서는 일조량감소와 기온저하가 휴면을 자연스럽게 유도할 수 있다. 실내에서 사육하는 경우, 12월 둘째 주까지(북반구 기준) 타이머를 이용해 조명을 하루 10시간으로 줄여주고, 밝은 조명은 더 낮은 와트의 조명으로 대체해 일광욕장소의 온도를 24~27℃로 유지시켜준다. 또한, 히팅락과 같은 2차적인 열원들은 모두 제거해야 하며, 야간의 온도는 15℃ 정도로 낮춰줘야 한다. 휴면은 12월 중에 시작돼 두 달 정도 지속되며 2월에 끝이 난다. 이 시기가 끝나면 사육장 환경은 이전의 조건으로 조성해줘야 한다.

비어디드 드래곤 암수가 교미를 하고 있는 모습. 대부분의 도마뱀이 이러한 형태로 교미를 한다.

교미

비어디드 드래곤은 겨울 동안의 휴면이 끝나고 3~4주가 지나면 구애, 영역다툼, 서열경쟁, 교미를 포함한 번식행동을 시작한다. 비어디드 드래곤의 교미는 대부분의 도마뱀에서 관찰되는 전형적인 형태로 이뤄진다. 수컷은 교미를 위한 좋은 자세를 잡기 위해 암컷의 살찐 목덜미 부분을 물고, 암컷 위에 올라타 뒷다리로 암컷을 움켜쥔다. 그러다가 하체를 비틀어 생식기를 암컷의 생식기에 삽입해 교미를 시작한다. 교미행위는 수분 정도 지속된다.

임신

교미 후 산란하기까지의 기간을 임신기간이라 하는데, 많은 종류의 파충류에서 암컷은 정자를 오랫동안 몸에 저장하고 있는 것이 가능하기 때문에 정확한 임신기간을 측정하기는 어렵다. 비어디드 드래곤의 경우 첫 번째 번식과 산란 사이의 간격은 4~6주 정도가 될 것이다. 그 후의 간격은 여러 가지 요인에 의해 달라질 수 있고, 최소 3주 정도 걸리며 더 오랜 시간이 걸릴 수도 있다.

산란

임신이 끝나갈 무렵이 되면 난각선(껍질을 형성하는 물질을 분비하는 선. 조류나 파충류 등의 척추동물 수란관의 중간에 있다. 이곳에서 대부분 칼슘으로 이뤄진 껍질이 형성되며, 일부는 특징적인 패턴을 가진 색깔이 덧입혀진다)으로 둘러싸인 수란관을 통해 알이 나오게 되는데, 이 과정에서 석회질의 껍질이 만들어지게 된다. 알이 난각선을 통과하면서 복부 벽을 압박해 생기는 윤곽(이때는 좀 더 단단하게 둘러싸여 있음)을 확인할 수 있는데, 그 형태는 마치 포도알이나 구슬처럼 보인다.

얼마 후 암컷은 산란에 적당한 장소를 찾기 시작하고, 테스트용 산란구멍을 여러 개 판다. 이때 임신한 암컷이 구멍을 팔 수 있도록 최소한 30cm 이상의 바닥재가 깔린 산란상자를 제공해주는 것이 좋다. 많은 사육가들이 산란상자의 바닥재로 축축한 흙을 사용하는데, 만약 바닥재의 깊이가 너무 얕거나 구멍을 팠을 때 계속 무너지게 되면 암컷은 산란구멍 파는 것을 거부하게 되고, 산란에 적당한 장소를 찾을 때까지 바닥재 표면에 하루에 한 개씩 알을 낳게 된다. 그런데 이렇게 바닥재 표면에 산란해 알이 드러나게 되면 탈수되기 쉽고, 열이나 빛에 노출돼 문제가 생길 수 있기 때문에 위험하므로 주의를 요한다.

아니면 테스트용 구멍을 몇 개 파고 바닥재 표면에 드문드문 알을 낳다가 결국에는 나머지 알을 얕은 구멍에 모두 낳게 될 것이다. 자신의 몸이 다 들어갈 정도로 충분히 깊은 구멍에 낳아야 하는데, 몸의 앞부분이 드러날 정도로 얕은 구멍에 알을 낳게 되는 것이다.

산란상자로는 일반적으로 손쉽게 구할 수 있는 20ℓ짜리 플라스틱 화분에 축축하게 적신 화분용 흙을 채워 사용하면 좋다. 젖은 흙을 화분에 채운 다음 손으로 표면을 살짝 눌러주면 암컷이 산란구멍을 파는 동안 구멍이 무너지는 것을 막을 수 있다. 산란상자를 별도로 준비하지

알을 낳기 위해 굴 속으로 들어간 비어디드 암컷. 굴 입구에 암컷의 주둥이 끝이 나와 있는 것이 보인다.

않고 사육장 구석에 30cm 이상의 두께로 흙을 쌓아주는 것도 괜찮고, 아니면 100~200ℓ짜리 플라스틱 통에 최소 30cm 깊이의 흙을 깔아 암컷을 넣어도 된다. 준비한 플라스틱 통에 암컷을 넣기 전에 젖은 흙을 손바닥으로 부드럽게 눌러주도록 한다. 산란상자에 사용한 바닥재의 습기는 산란용으로 적합한지 여부를 암컷이 판단하는 데 아주 중요한 역할을 하는 것으로 보인다. 필자가 그동안 관찰한 바에 의하면 대부분의 비어디드 드래곤이 오후 1시에서 6시 사이에 산란한다.

산란 개수

필자가 보유하고 있는 인랜드 비어디드 드래곤의 경우 한 번에 낳은 알의 숫자는 최소 7개에서 많게는 46개까지 편차를 보이는데, 보통은 20~30개 사이의 알을 낳는다. 저먼 자이언트 종의 경우는 한 번에 50개 정도의 알을 낳는다고 알려져 있으며, 최고 68개까지 낳았다는 기록이 있다. 한 번에 낳는 알의 개수는 부모개체의 크기, 나이, 모프, 혈통에 따라 달라진다. 일반적으로 암컷의 체구가 작고 어리면 산란한 알의 개수가 적고, 나이가 많은 암컷도 대부분 적게 낳는다. 알을 낳는 횟수는 적게는 번식을 시작한 첫째 해에 한 번, 많게는 두 번째 세 번째 해에 일곱 번까지 가능하다.

암컷이 산란을 모두 마치면 알을 조심스럽게 부화기로 옮기도록 한다.

인큐베이팅

암컷이 산란을 마치고 나면 손가락이나 숟가락을 이용해 알이 드러나도록 흙을 조심스럽게 걷어낸다. 그런 다음 플라스틱 수납상자나 4cm 정도의 부화용 바닥재를 깔아놓은 부화기 등의 부화설비로 알을 옮긴다. 사육자들 사이에서 가장 일반적으로 사용되는 부화용 바닥재는 입자가 굵은 버미큘라이트(질석), 펄라이트, 버미큘라이트와 펄라이트를 50:50의 비율로 배합한 것 등이다. 최근에 필자는 부화용 바닥재로 펄라이트만 사용하고 있다. 바닥재는 질척하지 않고 촉촉할 정도로만 적셔주면 되는데 손에 쥐었을 때 살짝 뭉치는 정도, 꽉 쥐었을 때 물이 떨어지지 않을 정도가 좋다(바닥재와 물의 비율-부피가 아닌 무게-을 4:3 정도로 맞춤).

인큐베이팅 과정에서 알의 상태를 확인하기 위해서는 바닥재에 완전히 묻지 않고 일부분이 보이도록 노출시킨다. 알의 절반까지 묻히도록 바닥재에 수평으로 묻는데, 이때 알 사이마다 약간의 간격을 띄워줘야 한다. 부화기로 플라스틱 상자를 사용하는 경우는 덮개를 덮어줘야 하며, 드릴이나 달군 못을 이용해 상자 상단에 3개의 작은 구멍을 뚫어놓는다. 이때 환기가 되도록 덮개와 알 사이에 4cm 정도의 공간을 남겨둬야 한다.

알을 낳아놓은 구멍을 바라보고 있는 인랜드 비어디드 드래곤 암컷

성공적인 부화를 위해서는 부화기 내의 온도 및 습도, 부화용 바닥재의 적정습도 유지가 매우 중요하다.

비어디드 드래곤의 가장 이상적인 부화온도는 28~30℃ 정도다. 이 온도를 제공하기 위해 대부분의 소규모 브리더들은 호바베이터(Hovabator)와 같은 저렴한 가금류용 부화기를 많이 사용한다. 대규모의 전문적인 브리더들은 온도조절기로 제어되는 열등이나 필름히터를 이용해 부화기를 직접 만들어 사용하는 경우가 많다. 부화기 내의 과열을 방지하기 위해서는 온도를 꼼꼼하게 확인하는 것이 매우 중요하다. 부화기의 온도가 너무 따뜻하면(32℃ 이상) 배아가 죽을 수 있고, 온도가 너무 낮아도(장시간 24℃ 이하로 유지되거나 짧은 시간이라도 15℃ 이하로 내려갔을 경우) 배아가 폐사할 수 있다. 또한, 부화기 안의 따뜻한 공간과 차가운 공간을 체크하는 것도 중요하다. 따라서 온도계와 자동온도조절기는 알을 모니터하기 위해 필수적으로 갖추고 있어야 한다.

부화용 바닥재의 적정습도를 유지하는 것 역시 성공적인 부화를 위해 아주 중요한 일이다. 대부분의 사육가들은 바닥재를 집어 손가락 사이에서 굴리고 눌러보는 방식으로 적정습도가 유지되고 있는지를 체크한다. 이때 바닥재가 축축한 느낌이 느껴진다면 괜찮은 것이다. 그러나 만약 건조하게 느껴진다면 바닥재의 표면을 가볍게 적셔줘야 한다. 보통 바닥재의 습도는 일주일 단위로 확인하지만, 너무 건조해지면 한동안 매일 검사하고 적정습도를 유지해줘야 한다.

부화기 내의 습도도 관리가 가능하다. 호바베이터 등 바닥재가 깔린 단순한 형태의 부화기라면 물이 담긴 그릇을 넣어주는 것만으로도 부화기 내의 습도를 적절하게 유지시키는 데 도움이 된다. 만약 자동온도조절기가 부착된 부화기를 사용한다면 반드시 측면에 물방울이 맺혀 있어야 하는데, 이를 결로현상이라고 한다. 만약 온도의 일교차가 있는 실내에서 인큐베이팅 중이라면 상당한 양의 물방울이 맺히게 될 것인데, 보통 바닥재가 습도를 유지하고 있다면 이는 문제가 되지 않는다. 부화기의 측면에 환기구멍을 뚫으면 물방울이 맺히는 것을 줄일 수 있는데, 이럴 경우 바닥재가 마르는 속도 또한 증가시키게 된다.

알의 부화시간은 종에 따라 달라진다. 인랜드 종의 알은 온도에 따라 55~75일 정도가 걸리고, 로손즈(랭킨스) 종의 알은 45일에서 55일 사이에 부화하며, 이스턴 비어디드 드래곤의 알은 69일에서 79일 사이에 부화한다. 한배의 알은 대개 첫 알이 부화하고 난 후 24시간 내에 모두 부화하게 되지만, 때로는 6일이 소요되기도 한다.

부화기 온도 조정하기

자작 부화기나 저렴한 가금류 부화기의 경우 부화기 온도를 정확하게 조정하는 과정은 몇 시간 정도 소요될 수도 있다. 따라서 알을 넣기 전 최소한 12시간 전에는 온도를 적절히 맞춰놓을 것을 권장한다. 부화기 내의 온도를 적절하게 맞추기 위해서는 자동온도조절기의 온도를 원하는 온도로 세팅하면 된다. 부화기 내의 온도를 제대로 확인하기 위해서는 부화기의 창을 통해 살펴볼 수 있도록 수은온

부화온도에 따른 성별 결정

온도에 따른 성별 결정(Temperature-dependant sex determination, TDSD)은 유전연구와 과학적인 실험을 통해 해결돼야 하는 복잡한 주제다. 필자가 말할 수 있는 유일한 내용은 비어디드 드래곤에게 TDSD가 있을 수도 있다는 것이다. 지난 몇 년 동안의 자료들을 보면, 알을 28~29℃에서 부화시켰을 때 그 전년에 29~30℃에서 부화시킨 알들에 비해 수컷의 비율이 더 높았다. 어떤 사육가는 28℃에서 알을 부화시켰을 때 거의 수컷이 태어났다고 한다. 또 어떤 목도리도마뱀 사육가는 29~30℃의 온도를 꾸준히 유지했을 때 더 많은 수의 수컷이 태어났다고 한다. 비어디드 드래곤의 성별이 부화 시의 온도에 따라 결정되는지는 아직 완전하게 밝혀지지는 않았지만, 부화기의 온도를 꾸준하게 기록한 사육가들의 추가적인 자료와 더불어 알이 부화돼 성별의 정확한 파악이 가능할 때까지 세심하게 관찰하면 완전하게 파악하게 될 것이다.

도계를 설치하거나, 자동온도조절기의 온도감지센서를 부화기 안에 설치해야 한다. 센서를 부화기 안에 설치하고 스위치를 out/probe로 설정하면 지속적인 온도변화를 관찰할 수 있기 때문이다. 부화기 내 공기의 온도가 균형을 이루는 데는 시간이 걸리기 때문에 정확한 온도조절을 위해서는 몇 시간 동안 수차례에 걸쳐 조절해줄 필요가 있다.

원하는 부화온도보다 부화기가 설치된 방 안의 온도를 더 낮게 유지하는 것이 중요하다. 특히 여름 혹서 기간에는 더 그렇다. 저렴한 부화기들은 열을 내는 것은 가능하나 시원하게는 하지 못하기 때문에 부화기 온도가 주위의 공기온도보다 낮아질 수 없다. 또한, 짧은 시간이라도 32℃ 이상의 고온에 대한 노출이 저온에 대한 노출보다 형성 중인 배아에는 더 위험하다는 것을 명심하자.

전란(알 뒤집기)

많은 양서파충류 전문가들은 파충류의 알이 성장 후반기에 접어든 후의 전란에 대해 분명하게 경고한다. 도마뱀의 알은 수정된 순간부터 성장을 시작하기 때문에 알을 낳았을 때는 이미 성장이 꽤 이뤄진 후라고 봐야 한다.

성장단계 중 하나는 알 내 요막(배아의 장 끝에서 보자기 모양으로 나와 있는 막)의 형성이다. 요막이 성장하면 배아를 감싸던 융모막과 합쳐져 위를 가로막은 알 껍질을 통해 가스교환을 위한 융모요막이라는 공간을 형성한다. 대개 융모요막은 알의 윗부분에 생성되며, 요막의 밑에는 배아의 등부분이 자리한다. 그러므로 배아는 알 안에서 대개 알 위쪽에 자리 잡는데, 이는 가스교환이 쉽게 이뤄지는 장소이기 때문이다. 성장의 후반기 단계에서 알을 뒤집는 것은 가스

희귀한 삼 쌍둥이 비어디드 드래곤. 이렇게 비정상적으로 태어나는 대부분의 비어디드는 거의 생존하지 못한다.

알을 낳은 날짜, 방향, 숨구멍 등을 표시해 부화기로 옮긴 모습. 부화기에 넣은 알은 절대 전란을 시도하면 안 된다.

교환이 이뤄지는 공간에 변화를 일으키며, 위치에 따라 배아를 질식사시킬 수도 있다. 따라서 원칙적으로는 일단 부화기에 넣은 알은 절대로 뒤집지 말아야 한다. 알의 원래 위치의 기록을 보존하기 위해서 부드러운 연필로 각 알의 상단부에 문자로 표시를 해두는 것이 좋다. 알에 문제가 생겼다거나 늦게 발견되는 경우, 배아의 위치를 찾아보기 위해 불빛에 비춰볼 수도 있다. 이 작업을 수행하려면 골판지에 조그맣게 구멍을 뚫고, 밝은 조명을 뒤에 설치해 구멍을 통과한 빛을 통해 알을 관찰하면 된다. 성장 중인 배아는 어두운 덩어리로 보일 것이다. 관찰 후에는 어두운 덩어리가 위쪽으로 오도록 알을 내려놓는다.

부화 실패

부화에 실패하는 요인은 여러 가지가 있을 수 있는데, 알에 뭔가 문제가 있는 증상이 나타났을 때의 시점을 기준으로 원인을 추측해볼 수도 있다. 문제의 원인을 알아내기 위해서는 우선 바닥재의 습도 및 부화기 내의 온도와 같은 부화변수를 점검해야 한다. 만약 부화기 내 조건들은 정상인데 알이 푹 꺼지려는 조짐이 보이거

부화 실패한 알에서 비어디드 꺼내기

부화에 앞서 알에 균열이 보이기 시작할 때, 몇몇 새끼들이 부화는 했지만 알을 깨고 나오지 못하는 경우가 있을 수 있다. 이때 사육자가 알에서 비어디드를 꺼내주는 것이 과연 좋을까? 필자의 경험상 사육자가 알의 부화를 도와주는 것은 대부분 실패의 결과를 가져왔다. 가장 좋은 방법은 최초의 균열이 생기고 24시간이 지났을 때, 균열된 부분을 벌려주고 잘 되기를 비는 수밖에 없다. 아직 부화하지 않은 알의 균열된 부분을 벌려주기 위해서는 손톱깎기용 가위를 사용해 껍질 표면 이상을 자르지 않도록 껍질에 가깝게 잘라준다. 알 중앙의 삼분의 일 정도만 이렇게 해주도록 하고, 알을 자른 후에는 그대로 가만히 놔두도록 한다. 그렇게 하면 새끼비어디드가 스스로 알에서 나올 수 있다. 절대로 자른 곳에 손을 집어넣어 새끼를 꺼내면 안 된다. 경험상 이런 식으로 꺼낸 비어디드는 보통 죽게 된다. 스스로 부화하지 못한 비어디드는 사육주가 알을 깨는 것을 도와준다 하더라도 대개는 죽게 된다. 필자가 몇 마리에게 시도해본 결과, 대부분은 그대로 죽고 말았다. 따라서 부화하지 못한 알을 잘라 부화를 도와주는 행동이 과연 도움이 되는지에 대해서는 회의적인 입장이다.

나 곰팡이가 슬기 시작했다면, 이는 미수정란일 가능성이 높다. 푹 꺼진 알을 골라 껍질을 깨고 알 안쪽의 배아발달과 혈관형성 상태를 살펴보면 미수정란 여부가 확인될 것이다. 배아의 조기 폐사를 일으킬 수 있는 다른 요인은 유전적 요소나 질병 등이다. 부화 후반기에 부화 실패를 일으키는 요인은 유전적 요인, 부적절한 온도 및 습도 수준, 불완전한 난황 성분 등이다.

필자가 다른 종의 도마뱀을 통해 관찰한 바로는, 만약 부화온도가 너무 높아 신진대사가 증가함으로써 필요산소량이 올라갈 때, 알 껍질을 통해 들어오는 산소량이 산소사용량에 미치지 못하는 순간이 올 수 있다. 만약 이런 부화 후반기의 부화 실패 징후가 보인다면(알은 깨지나 36시간 안에 부화하지 않는 경우), 발견 당시의 온도를 점검하고 조금 낮게 조정해 주도록 한다.

부화 실패의 또 다른 이유는 부화기 온도가 너무 낮아 부화기간이 너무 길어지기 때문일 수도 있다. 놀라운 것은 상대적으로 낮은 온도에서 부화된 도마뱀 중 일부는 대사성골질환의 증상인 골 연화, 힘없는 주둥이와 다리 등의 증상과 함께 가까운 시일 내에 부화됐다는 것이다. 이를 바탕으로 필자가 최근 세운 가설은 부화기간을 너무 오랜 시간 연장시키면 크기는 크고 체내 칼슘 비축량이 바닥난 새끼들이 태어난다는 것이다. 또한, 난황 성분이 어미 비어디드의 식단과 영양보충제의 투여에 따라 직접적으로 영향을 받으며, 이는 곧 특정 영양소의 과잉이나 결핍상

태를 초래할 수 있다는 가설도 존재한다. 이러한 영양소의 불균형이 발달 중인 태아에게 악영향을 끼칠 수 있으므로 이는 미래에 더 많은 연구가 필요해 보인다.

많은 지역에 있어서 파리가 비어디드 드래곤의 알을 감염시킬 수도 있다. 파리는 매우 귀찮은 해충으로서 알이 균열되거나 깨진 틈을 타 알의 내용물을 먹고, 그 안에 자신들의 알을 낳는다. 파리는 알이 상했을 때 나는 냄새를 맡고 금세 발생하게 되므로 알에 이상이 있다는 것을 알게 된 순간 곧바로 부화기에서 그 알을 제거해야 한다. 즉시 제거하지 않으면 비어디드 알에 낳은 파리의 알이 부화해서 부화기 안이 파리로 가득 차게 될 것이다. 파리는 새끼비어디드가 막 알을 깨고 나오는 순간을 노리는 만큼, 만약 부화기나 주변에 파리가 많이 보인다면 주의를 기울이도록 한다. 대부분의 새끼는 별 탈 없이 부화하지만 탯줄이나 남은 난황에 구더기가 있지 않은지 확인하고, 만약 구더기가 발견된다면 수돗물로 씻어내도록 한다.

부화

비어디드 드래곤의 알은 그 정도는 다르지만 부화되기 전 24시간 동안 젖은 상태가 된다. 그러다가 약간의 균열이 이어지고, 부화 12시간쯤 전에는 팽창돼 있던 알이 눈에 띄게 감소한다. 건강하고 원기 왕성한 새끼비어디드는 대개 알에 균열이 생긴 지 몇 시간 안에 주둥이 끝의 난치(알 이빨)를 이용해 껍질을 깨고 나온다. 새로 태어난 비어디드는 여전히 알부민으로 덮여 있고 몇 시간 동안 알 속에 머물 수도 있다.

알에서 나와 활동하기 시작할 때까지는 새끼비어디드를 건드리거나 부화기에서 꺼내면 안 되며, 부화한 지 얼마 안 된 어린 새끼가 움직이는 것을 확인한 후 사육장으로 옮기면 된다.

새끼 비어디드가 부화하고 있는 모습

CHAPTER 08

비어디드 드래곤의 다양한 모프

비어디드 드래곤의 모프를 분류하는 방법에 대해 살펴보고, 현재 다양하게 개량된 비어디드의 아름다운 모프의 종류와 특징에 대해 알아본다.

Section

모프의 분류

파충류를 사육하는 즐거움 가운데 하나는 번식을 통해 개량된 다양한 품종들을 접할 수 있다는 것이다. 어떤 종에서 다양하게 파생된 새로운 개량종을 일반적으로 '모프(morphs)'라고 일컫는데, 각각의 모프들은 크기나 색상에 있어서 특이한 형질을 가지고 있다. 비어디드 드래곤의 모프는 다른 어떤 동물의 모프보다 흥미롭고, 개량에 도전해볼 만한 가치가 있을 정도로 매우 아름답다.

인랜드 비어디드 드래곤은 호주대륙의 광활한 지역에 널리 분포하고 있으며 사막, 사바나, 산림에 이르는 특정한 지역에 많은 수가 서식하고 있다. 이러한 야생지역에서 발견되는 변이종들은 파충류 브리더들이 현재 사육 하에서 고정시킨 다양한 모프들을 개량해낼 수 있는 기회를 제공했다. 하우쉴드(Hauschild)와 보쉬(Bosch)의 연구(2000)에 따르면 붉은색을 많이 띠는 종들은 붉은모래사막의 중앙부에서 유래됐고, 반면에 노란색을 더 많이 띠는 종들은 서부 노란모래사막에서 주로 발견된다. 1990년대 초반에 좀 더 다양한 색상의 데저트(desert) 모프가 발견된 것이 오늘날 비어디드 드래곤의 다채로운 품종들을 선택적으로 브리딩할 수 있는 실마리가 됐다.

트랜슬루센트와 노멀의 투명도 차이

체색에 따른 분류

비어디드 드래곤의 모프를 체색에 따라 분류하면 크게 다음과 같이 나눠볼 수 있다. 벽돌처럼 붉은 색을 띠는 샌드화이어(Sandfire Dragons) 계열, 진한 붉은색을 띠는 블러드 레드(Blood Red Dragons) 계열, 연한 주황색을 띠는 살몬(Salmon Dragons) 계열, 전체적으로 밝은 노란색을 띠는 선버스트(Sunburst Dragons) 계열, 백화현상으로 흰색을 띠는 루시스틱(Leucistic Dragons) 계열, 멜라닌색소가 감소된 스노우(Snow and Hypomelanistic) 계열 등이 그것이다. 참고로 비어디드는 체색의 미세한 음영 변화를 통해 체온을 조절하는데, 온도가 낮아지면 어둡게 변하고 높아지면 반대로 변한다. 감정의 상태에 따라 달라지기도 하는데, 놀랐을 때나 공격적인 자세를 취할 때 더욱 선명한 색을 띤다.

비늘의 질감에 따른 분류

이전의 브리더들이 비어디드의 '체색'을 개량하는 것에 관심을 기울였다면 최근에는 좀 더 다양한 각도에서의 품종개량이 이뤄지고 있다. 대표적인 것이 '비늘의 질감'에 따른 개량인데, 배아발달과정에서 비늘의 형성을 방해하는 유전자가 발현된 돌연변이종을 고정시켜 질감이 이전과는 다른 개체를 생산한다.

이처럼 비늘 질감에 따른 모프는 일반적인 거친 비늘을 가진 노멀(normal), 비늘의 크기가 일반종보다 작게 줄어든 레더백(leatherback), 비늘이 거의 사라져 일반종의 거친 비늘 질감을 거의 느낄 수 없는 실크백(silkback)으로 나눠볼 수 있다. 질감의 차이 외에도 작아진 비늘과 가시는 개체의 색상과 무늬를 부각시키는 역할도 한다. 트랜슬루센트(translucent)처럼 외피의 흰색색소를 줄여 투명하게 보이도록 채도를 개량하는 경우도 있다. 기존에 개량된 체색에 새로이 질감, 채도의 개량을 더해 이전보다 더 복잡하고 다양한 여러 가지 모프들이 새롭게 선보여지고 있다.

일반종의 거친 질감을 거의 느낄 수 없는 실크백

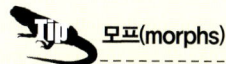
모프(morphs)

모프의 색상유전에 관련된 용어들
- A or AN – 없음
- Hypo – 정상보다 부족함
- Hyper – 정상보다 더 강조됨
- Melanin – 검은색
- Xanthinin – 노란색
- Erythrinin – 붉은색
- Anerythristic – 붉은색이 아예 생략됨
- Hypoerythristic – 정상보다 붉은색이 적음
- Hypererythristic – 정상보다 더 붉은색
- Axanthic – 노란색이 아예 생략됨
- Hypoxanthic – 정상보다 노란색이 적음
- Amelanistic – 검은색이 아예 생략됨
- Hypomelanistic – 정상보다 검은색이 적음

대표적인 색상에 따른 모프
- Sandfire Dragons – 벽돌처럼 붉은 색상을 띠는 종류다.
- Blood Red Dragons – 최근에 만들어진 품종으로 새끼 때부터 진한 붉은색을 띤다.
- Salmon Dragons – 연한 주황색을 띠는 종류
- Sunburst Dragons – 말 그대로 햇살 같은 느낌의 전체적인 밝은 노란색을 띤다.
- Leucistic Dragons – 알비노와는 다른 백화현상으로 피부가 흰색이며 홍채는 검은색이다.
- Snow and Hypomelanistic Dragons – 멜라닌색소, 즉 검은색소가 적은 색상변이

Sunburst Dragons

Sandfire Dragons

돌연변이 모프
- Leatherback – 바다거북의 등처럼 돌기가 적은 매끈한 등을 가진 돌연변이 품종
- Silkback – 온몸이 비단같이 매끈하고 얇은 피부를 가진 돌연변이 품종(Leatherback의 동형접합형-Homozygous Form)

노멀 스킨

레더백 스킨

Section 02

여러 가지 다양한 모프

비어디드의 체색 모프는 주로 회색 바탕에 오렌지, 엷은 황갈색, 갈색, 검은색 등 약간의 변화가 가미되는 식으로 개량돼왔다. 이러한 변화는 지역과 서식지의 기후, 선택적 브리딩에 따라 크게 영향을 받는다. 특히 미국 파충류 브리더들의 인랜드 비어디드 드래곤 종에 대한 선택적 브리딩에서 특유의 오렌지, 파란색, 빨간색, 살구색과 타이거, 스트라이프 등 색상 변화에 뚜렷한 영향을 미쳤다.

노멀(normal)

주로 머리 부분이 약간 적황색을 띠는 오리지널 브라운(brown)과 탄(tan) 비어디드 드래곤은 1980년대 후반 미국에 처음 수입됐다. 1990년대 파충류시장의 혁명이라고 일컫는 레드/골드(red/gold) 계열의 비어디드 드래곤이 수입될 때까지, 가장 쉽게 구할 수 있는 비어디드는 이 '노멀' 개체였다. 그러나 좀 더 다채로운 색상을 지닌 비어디드에 대한 수요증가로 사육되는 대부분의 노멀 개체들이 레드/골드 계열과 교잡돼 완전한 노멀 혈통을 가진 전형적인 형태는 점점 찾아보기 힘들게

됐다. 이는 현재 레오파드 게코(표범무늬도마뱀)의 경우에서도 보이는 파충류시장의 일반적인 현상으로서 더 밝고 더 선명한 무늬의 비어디드를 구하고자 하는 사육가의 욕구가 증대됨에 따라 파충류업계에서 완전한 오리지널, 노멀한 색을 지닌 개체가 점점 사라지고 있다.

저먼 자이언트(German giant)

피트 와이스(Pete Weis)가 미국의 'U.S.hobby'라는 잡지를 통해 소개한 모프다. 저먼 자이언트는 혈기왕성하고 덩치가 크며, 알을 상당히 많이 낳는 종이다. 색깔은 대부분 브라운과 탄이며, 머리는 전형적인 비어디드 드래곤보다는 더 작은 편이다. 날카롭게 생긴 눈동자와 대조적으로 홍채의 색이 은색을 띠는 금색이다. 저먼 자이언트는 번식력이 높기 때문에 생산력 증대를 위해 다른 계열과 교잡돼왔는데, 전형적인 비어디드 드래곤보다는 조금 더 공격적인 성향을 가지고 있기도 하다. 크기가 큰 수컷은 60cm를 넘는 경우가 종종 있고, 암컷은 한번에 50개 이상의 알을 낳을 수 있다. 기록에 의하면 68개의 알을 낳은 사례도 있다(Kevin Dunne, pers.comm.).

레드/골드(red/gold)

1990년대 초반 비어디드 드래곤의 브리딩에 있어 혁명과도 같은 큰 변화가 일어나면서 옐로우(yellow), 레드(red), 오렌지(orange) 개체들이 대규모로 수입됐다. 독일에서 기원된 레드/오렌지 종은 샌드파이어(Sandfire) 계열을 포함해 현재 유통되고 있는 오렌지, 레드, 옐로우 계열에 선택적인 브리딩이 가능케 했다. 독일의 최초 브리딩 라인은 호주 내부의 붉은사막(Red Desert)으로부터 시작됐다고 알려져 있다. 레드/골드 계열 교잡종(예를 들면 노멀X레드/골드나 샌드화이어X레드/골드)의 추가수입과 선택적인 브리딩 기술은 많은 브리더들에게 오늘날 자신들만의 독특한 혈통을 개량시킬 수 있도록 해줬다. 옐로우와 레드 색소는 황색소포(xanthophore)라고 불리는 피부세포에 의해 합성되기 때문에 황색을 의미하는 잰식(xanthic)이라는 단어는 레드나 옐로우 색상의 양에 의해 색이 결정되는 계열들을 설명하는 데 가장 적합하다. 비어디드 드래곤에 있어서 잰시즘(xanthism, 황색화)의 가장 기본

1. 저먼 자이언트 2. 레드/골드와 샌드화이어의 교잡종 3. 레드/골드 계열 어린 개체. 어릴 때부터 붉은색을 띤다. 4. 레드/골드 계열 수컷 머리쪽 체색이 몸통과 뚜렷하게 대조되는 밝은색으로 발현됐다. 5. 레드/골드 교잡종은 체색이 매우 다양하며, 새로운 모프의 개량에 중요한 매개가 된다.

적인 예를 든다면 레드/골드 모프라고 할 수 있다(현재는 블러드 레드, 조금씩 특징이 다른 레드들을 개량해 카월리, 케네디 등 브리더의 이름을 붙여 상품화시킨 레드 계열이 다양하게 유통되고 있다).

하이퍼잰식(hyperxanthic)

레드, 오렌지 또는 옐로우의 선명도를 광범위하게 높이기 위해 선택적 브리딩을 통해 개량된 잰시즘의 극단적인 형태를 하이퍼잰식이라고 한다. 비어디드 드래곤의 하이퍼잰식이 처음으로 고정된 것은 본서의 공저자인 로버트 메일룩스(Robert Mailloux)에 의해 개량된 샌드화이어 계열에서다. 몸 위쪽과 다리 쪽에 비어디드 드래곤에게서 보이는 전형적인 문양의 포인트들이 밝은 오렌지와 오렌지/레드 색상으로 나타나는 것이 특징이다. 샌드화이어 계열은 다홍색이 다리까지 퍼져 있던, 비정상적으로 밝은 색깔의 암컷 레드/골드 모프로부터 시작됐다. 밝은 오렌지색의 선명도를 높이기 위한 까다롭고 선택적인 브리딩 기술이 샌드화이어 모프를 탄생시켰고, 현재는 보편화돼 있는 상황이다.

하이퍼잰식의 특색이 완전하게 발현되기 위해서는 적절한 밝기의 등에 노출돼야 한다. 기본적인 실내 사육조건 하에서 길러진 샌드화이어 모프 개체의 경우 일반적인 비어디드 드래곤보다 더 밝은 색을 띠는데, 그렇다고 해도 햇볕에 노출돼 있는 온실하우스나 실외사육장에서 사육된 샌드화이어 드래곤의 강렬한 다홍색에 비할 바는 못 된다. 한 가설에 따르면 레드/오렌지에서 나타나는 색소의 선명도는 마치 사람이 선탠을 하는 것과 마찬가지로 비어디드의 피부가 햇볕에 노출됐을 때 나타나는 반응이라고 한다.

하이퍼잰식에는 샌드화이어 계열뿐만 아니라 여러 가지 다른 계열이 있다. 그 중 일부는 미국이나 유럽에서 브리딩된 옐로우 비어디드의 일부와 같은 다양한 정도의 하이포멜라니즘(hypomelanism, 어두운 색소가 줄어든 형태. 유전학적인 형질로 멜라닌이 전부 없는 게 아니

옐로우 계열 비어디드 드래곤은 본래 영국의 루크 요먼에 의해 개량된 모프다.

1. 샌드화이어 비어디드 드래곤의 특성은 준성체 시기에 나타나기 시작하며, 성성숙에 도달할수록 더욱 뚜렷해진다. 2. 샌드화이어 비어디드 드래곤의 머리는 단색의 오렌지 색상을 띠며, 무늬는 거의 없다. 이러한 선명한 발색은 3개월 이상 매일 태양광에 노출시켜 사육한 결과 완성된 것이다. 3. 샌드화이어 성체 암컷 4. 샌드화이어 옐로우 5. '샌드화이어 비어디드 드래곤 농장'에서 번식된 옐로우 비어디드 드래곤 모프 6. '드래곤스 덴'에서 번식된 매우 훌륭한 옐로우 비어디드 드래곤 모프

라 일부 줄어든 것)이 포함될 수 있다. 일반적으로 옐로우 계열은 번식시키기가 매우 까다롭다. 교미에 적극적이지도 않고 부화율도 매우 낮으며, 부화한다고 해도 해츨링이 살아남을 확률이 매우 희박하기 때문이다. 그러나 멀지 않은 미래에 신중한 브리딩과 이종교배를 통해 옐로우 계열이 많이 생산되리라 생각한다.

하이포멜라니스틱(hypomelanistic)

어두운 색을 띠게 하는 멜라닌 색소가 상당할 정도로 줄어들거나 거의 없는 형태의 비어디드 모프다. 마치 외관이 표백된 것 같은 모습을 보이지만, 눈에는 색소가 사라지지 않고 남아 있기 때문에 진정한 의미의 알비노라고 할 수는 없다(순수 알비노의 눈은 분홍색 또는 주황/빨강색이다). 하이포멜라니스틱 비어디드 드래곤의 특징 중 하나는 발톱 기단부의 색이 깨끗하다는 것이다.

적어도 두 가지 계열이 보편적으로 많이 개량됐는데, 하나는 로버트 메일룩스가 개량한 샌드화이어 '파스텔(pastel)' 계열로 흐릿한 바탕에 강하게 대조되는 오렌지색을 가지고 있는 것이 특징이다. 파스텔 역시 밝은 푸르스름한 자줏빛 문양을 가지고 있는 경우도 있는데, 이는 잠재돼 있는 홍색소포(iridophores)가 밝은 피부색 때문에 미세하게 드러나 보이거나, 피부의 기저를 이루고 있는 황색소포가 특정 파장의 빛을 반사하기 때문인 것으로 보인다. 또 다른 유명한 하이포멜라니스틱 계열은 '드래곤스 덴(Dragon's Den)'의 소유자 케빈 던(Kevin Dunne)이 개량한 '스노우 드래곤(Snow Dragon)'이다. 이름에서 알 수 있듯이 스노우 드래곤의 등판은 대부분이 밝은 흰색이다. 특히 금색의 홍채와 거의 순백색에 가까운 체색의 강렬한 대조는 스노우 드래곤을 가장 인상 깊은 모프 가운데 하나로 만들었다.

하이포멜라니스틱 비어디드는 등색에 따라 거의 순수한 흰색의 개체부터 회색 패턴을 가진 희끄무리한 체색의 개체까지 매우 다양하게 분포한다. 일부 개체들은 희미한 바탕색에 강렬한 옐로우, 오렌지, 레드를 띠기도 한다.

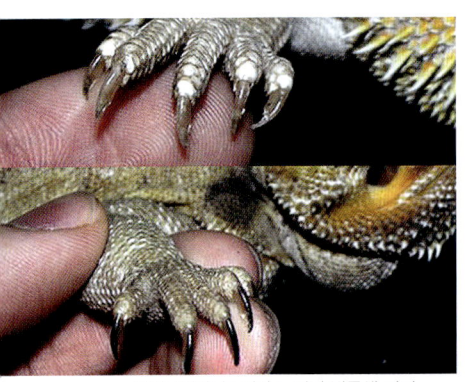

하이포멜라니스틱과 노멀의 발톱색 차이

1. 하이포멜라니스틱 시트러스 타이거 2. 레드 하이포멜라니스틱 3. 레드/오렌지 하이포멜라니스틱 4. 하이포멜라니스틱 5. 14개월령 하이포멜라니스틱 6. '드래곤스 덴'에서 번식된 하이포멜라니스틱 계열의 스노우 드래곤 7. 인랜드 비어디드 드래곤 파스텔 모프. 레드/골드 하이포멜라니스틱 수컷이다.

루시스틱(leucistic)

루시스틱 모프는 전형적으로 어두운 색의 홍채에 푸르스름한 눈꺼풀을 가진 회백색을 띠고 있다. 색소결핍으로 인해 몸 전체가 흰색을 띠는데, 이는 멜라닌 세포에서의 멜라닌 합성이 결핍돼 나타나는 알비노와는 구별된다. 현재 소수의 브리더들이 이 독특한 모프를 번식하기 위해 노력 중이다.

그린(green)

그린 모프는 호주의 야생에 그레이-그린 드래곤(Gray-green Dragon)이라는 이름으로 자연개체군이 서식하고 있는 종이다. 영국에서는 사육 하에서의 선택적인 브리딩을 통해 희미한 녹색 혈통을 개량했는데, 이를 유지하는 것은 상당히 어렵다(근래에는 트랜슬루센트의 투명도를 이용한 라인 브리딩을 통해 그린 프로젝트를 꾸준히 진행 중이다).

1. 루시스틱 성체 **2.** 야생의 특이한 그린 모프

골드 아이리스(gold iris)

필자는 까만 눈동자와 강렬하게 대비되는 유난히 밝은 금색(은빛이 나는)의 홍채를 가진 골드 아이리스 몇 종을 부화시킨 적이 있으며, '드래곤스 덴'의 케빈 던 또한 밝은 색의 홍채를 가진 해츨링을 발표한 적이 있다. 이는 선택적인 브리딩을 통해 개량될 것으로 예상되는 아주 매력적인 특징이다.

타이거(tiger), 스트라이프(stripe)

타이거는 레오파드 게코 브리더로 유명한 론 트램퍼(Ron Tremper)에 의해 처음 소개된 모프로서 몸통의 넓은 면에 빗장을 지른 듯한 문양이 나타나는 것이 특징이다.

1. 본서의 공저자인 로버트 메일룩스가 번식한 골드 아이리스 모프 2. 케빈 던이 개량한 골드 아이리스 모프 3. 타이거 성체 4. 타이거 주버나일 개체 5. 줄무늬는 새끼 비어디드 드래곤에게서 다양하게 나타나며, 일부는 성체가 돼서도 줄무늬를 유지하기도 한다. 6. 스트라이프 하이퍼잰식

옆구리의 타이거 패턴이 얼마나 더 선명하게 발현됐는지에 따라 하이퀄리티의 타이거로 분류하며, 선택적 브리딩을 통해 쉽게 개량이 가능하다. 비어디드 드래곤 준성체의 경우 일부는 줄무늬 문양을 가지고 있지만, 성숙하게 되면 이 문양은 희미해지거나 사라진다. 그럼에도 불구하고 성년기까지 희미한 줄무늬 문양을 띠는 몇몇 개체가 있고, 이런 특징 때문에 개량을 위해 선택되기도 한다.

레더백(leatherback)

레더백은 등의 비늘 질감이 마치 가죽 같다고 해서 붙여진 이름이다. 공우성(co-dominant) 형질로 유전되기 때문에 열성유전자인 헷(het) 유전자를 보유하고 있는 개체라고 해도 시각적으로 이를 구분하기는 어렵다. 레더백과 외양이 유사한 모프로 아메리칸 스무디(American smoothie)가 있는데, 레더백과 아메리칸 스무디를 교배시키면 약 25%의 확률로 실크백이 생산된다. 이 두 모프는 이름은 다르지만 동일한 유전자를 갖고 있는 동일한 레더백 모프라고 할 수 있다.

레더백은 이탈리아의 비어디드 드래곤 브리더에 의해 우연히 생산된 돌연변이종이다. 한배의 개체들 중 비정상적인 개체가 한 마리 나왔고, 그 개체가 성체가 됐을 때 교배시켜 나온 새끼들 중 반은 정상적인 개체, 반은 등비늘이 감소된 레더백 개체가 나왔다고 한다. 이것이 레더백 모프의 1세대 자손이다.

다른 모프와 레더백을 이종교배시키면 보통의 개체와 교배시켰을 때보다 훨씬 매력적인 색상이 생산된다. 현재 시중에 유통되고 있는 레더백은 등비늘의 부드러운 정도에 따라 여러 가지로 나눠지기도 하는데, 아주 미세한 등비늘을 가진 개체는 현재 매우 희귀하고 수요 또한 높은 실정이다.

등비늘의 질감이 가죽 같은 느낌의 레더백

1. 레드 타이거 레더백 2. 화이트 하이포멜라니스틱 레더백 3. 시트러스 레더백 4. 레드 하이포멜라니스틱 레더백 5. 레드 타이거 레더백 6. 오렌지 레더백   photo by 김상훈(reptilehun)

실크백(silkback)

실크백은 공우성의 레더백과 레더백을 교배시켜 생산된 모프로 등비늘의 가시가 전혀 없으며, 마치 핑키와 같은 느낌의 매끄럽고 부드러운 피부를 가지고 있다. 실크백은 피부의 재생능력이 부족해 과다한 자외선, 상처 등에 매우 취약하다. 따라서 다른 비어디드 드래곤에 비해 좀 더 집중적인 관리를 필요로 하기 때문에 많은 브리더들이 비어디드 초보사육자에게는 추천하지 않는다.

트랜슬루센트(translucent)

트랜슬루센트(일명 트랜스)는 외피의 흰색색소가 감소됨으로써 부분적으로 투명하게 보이는 피부를 갖고 있다. 또한, 전부는 아니지만 눈동자의 색은 대부분 솔리드 블랙이며, 시간이 지나면 변하기도 하고 그냥 정상적인 색으로 남아 있는 경우도 있다. 트랜스는 열성유전자를 갖고 있는 모프로 알려져 있는데, 정상적으로 보이는 트랜스 개체라고 해도 유전학적으로 헷 트랜스일 수 있다.

앞으로의 전망

비어디드 드래곤은 전 세대를 걸쳐 언제나 항상 가장 인기 있는 애완파충류의 한 종으로 취급될 것이기 때문에 매력적이고 특징적인 새로운 모프들이 지속적으로 개량되고 있다는 사실은 그리 놀랄 만한 일이 아니다. 비어디드 드래곤 전문브리더는 지금도 새로운 모프를 개량하기 위해 끊임없이 노력하고 있다.

이미 많은 개량이 이뤄진 잉어나 금붕어 같은 애완동물이나 유명한 레오파드 게코 같은 도마뱀처럼 미래에는 더 매력적이고 독특한 모프가 다양하게 개량돼 나올 것이라고 기대한다.

밝은색 그물 모양이 매우 특이한 형태를 띠고 있는 비어디드

실크백은 비늘이 거의 사라져 일반종의 거친 비늘 질감을 거의 느낄 수 없는 모프로 등비늘의 가시가 전혀 없으며, 마치 핑키와 같은 느낌의 매끄럽고 부드러운 피부를 가지고 있다. photo by 김상훈(reptilehun)

제8장 비어디드 드래곤의 다양한 모프 **205**

1. 레드 트랜슬루센트 레더백 2. 시트러스 트랜슬루센트 레더백 성체 3. 오렌지 트랜슬루센트 4. 블루 트랜슬루센트 5. 레드 트랜슬루센트
photo by 김상훈(reptilehun)